国画大师 /ZHANGDAQIAN/
张大千

周丽霞◎编著

辽海出版社

图书在版编目（CIP）数据

国画大师张大千／周丽霞编著．—沈阳：辽海出版社，2017.6
ISBN 978－7－5451－4168－9

Ⅰ．①国…　Ⅱ．①周…　Ⅲ．①张大千（1899－1983）-传记　Ⅳ．①K825.72

中国版本图书馆 CIP 数据核字（2017）第 136846 号

责任编辑：孙德军　王钦民
封面设计：李　奎

出版者：辽海出版社
　　地　　址：沈阳市和平区十一纬路 25 号
　　邮　　编：110003
　　电　　话：024-23284381
　　E-mail：dszbs@mail.lnpgc.com.cn
　　http://www.lhph.com.cn
印刷者：北京一鑫印务有限责任公司
发行者：辽海出版社

幅面尺寸：155mm×220mm
　印　　张：14
　字　　数：218 千字

出版时间：2017 年 7 月第 1 版
印刷时间：2017 年 8 月第 1 次印刷
定　　价：29.80 元

《世界名人传记文库》编委会

主　编	游　峰	姜忠喆	蔡　励	竭宝峰	陈　宁	崔庆鹤
副主编	闫佰新	季立政	单成繁	焦明宇	李　鸿	杜婧舟
编　委	蒋益华	刘利波	宋庆松	许礼厚	匡章武	高　原
	袁伟东	夏宇波	朱　健	曹小平	黄思尧	李成伟
	魏　杰	冯　林	王胜利	兰　天	王自和	王　珑
	谭　松	马云展	韩天骄	王志强	王子霖	毕建坤
	韩　刚	刘　舫	宫晓东	陈　枫	华玉柱	崔　武
	王世清	赵国彬	陈　浩	芝　磊	姜钰茜	全崇聚
	李　侠	宋长津	汪　裴	张家瑞	李　娟	拉巴平措
	宋连鸿	王国成	刘洪涛	安维军	孙成芳	王　震
	唐　飞	李　雪	周丹蕾	郭　明	王毓刚	卢　瑶
	宋　垣	杨　坤	赖晖林	刘小慈	张家瑞	韩　兆
	陈晓辉	鲍　慧	魏　强	付　丽	尹　丛	徐　聪
	主勇刚	傅思国	韩军征	张　铧	张兴亚	周新全
	吴建荣	张　勇	李沁奇	姜秀云	姜德山	姜云超
	姜　忠	姜商波	姜维才	姜耀东	朱明刚	刘绪利

	冯 鹤	冯致远	胡元斌	王金锋	李丹丹	李姗姗
	李 奎	李 勇	方士华	方士娟	刘干才	魏光朴
	曾 朝	叶浦芳	马 蓓	杨玲玲	吴静娜	边艳艳
	德海燕	高凤东	马 良	文 夫	华 斌	梅昌娅
	朱志钢	刘文英	肖云太	谢登华	文海模	文杰林
	王 龙	王明哲	王海林	台运真	李正平	江 鹏
	郭艳红	高立来	冯化志	冯化太	危金发	仇 双
	周建强	陈丽华	叶乃章	何水明	廖新亮	孙常福
	李丽红	尹丽华	刘 军	熊 伟	张胜利	周宝良
	高延峰	杨新誉	张 林	魏 威	王 嘉	陈 明
总编辑	马康强	张广玲	刘 斌	周兴艳	段欣宇	张兰爽

总　序

　　我们每个人心中都有自己崇拜的名人。这样可以增强我们的自信心和自我认同感，有益于人格的健康发展。名人活在我们的心里，尽管他们生活在不同的时代、不同的国度、说着不同的语言，却伴随着我们的精神世界，遥远而又亲近。

　　名人是充满力量的榜样，特别是当我们平庸或颓废时，他们的言行就像一触即发的火药，每一次炸响都会让我们卑微的灵魂在粉碎中重生。

　　名人带给我们更多的是狂喜。当我们迷惘或无助时，他们的高贵品格就如同飘动在高处的旗帜，每次招展都会令我们幡然醒悟，从而畅快淋漓地感受生命的真谛。只要我们把他们视为精神引领者和行为楷模，就会不由自主地追随他们，并深刻感受到精神的强烈震撼。

　　当我们用最诚挚的心灵和热情追随名人的足迹，就是选择了一个自我提升的最佳途径，并将提升的空间拓展开来。追随意味着发现，发现名人的博大精深，发现时代赋予我们的使命，发现最真实的自我；追随意味着提升，置身于名人精神的荫蔽之下，我们就像藤蔓一般沿着名人硕大粗壮的树干攀援上升，这将极大地缩短我们在黑暗中探索的时间，从而踏上光明的坦途。

不要说这是个崇尚独立思考的年代,如果我们缺乏敬畏精神,那么只能让个性与自由的理念艰难地生长;不要说这是个无法造就伟人的年代,生命价值并不在于平凡或伟大。如果在名人的引领下,读懂平凡世界中属于自己的那本书,就能够成为最好的自己。

名人从芸芸众生中脱颖而出,自有许多特别之处。我们追溯名人成长的历程,虽然每位人物的成长背景都各不相同,但或多或少都具有影响他们人生的重要事件,成为他们人生发展的重要契机,并获得人生的成功。

名人有成功的契机,但他们并非完全靠幸运和机会。机遇只给有准备的人,这是永远的真理。因此,我们不要抱怨没有幸运和机遇,不要怨天尤人,我们要做好思想准备,开始人生的真正行动。这样,才会获得人生的灵感和成功的契机。

我们说的名人当然是指对世界和人类做出突出贡献的伟大人物,他们包括著名的政治家、军事家、发明家、文学家、艺术家、思想家、哲学家、企业家等。滚滚历史长河,阵阵涛声如号,是他们,屹立潮头,掀起时代前进的浪花,浓墨重彩地描绘着人类的文明和无限的未来,不断开创着辉煌的新境界和新梦想,带领我们走向美好的明天。

政治家是指那些在长期政治实践中涌现出来的具有一定政治远见和政治才干、掌握权力,并对社会发展起着重大影响作用的领导人物。军事家是指对军事活动实施正确指引或是擅长具体负责军事行动实施的人,一般包括战略军事家和战术军事家。

政治家、军事家大多充满了文韬武略,能够运筹帷幄,曾经叱咤风云,纵横天地,创造着世界,书写着历史,不断谱写着人类的辉煌篇章,为人们留下了许多宝贵的精神财富和物质财富。

科学发明家是指专门从事科学研究和发明,并做出了杰出贡献的人士。他们从事着探索未知、发现真相、追求真理、改造世界和造福人类的大学问。他们都有献身、求实、严谨和持之以恒的精神，都具有一颗好奇心。从好奇心出发，他们希望探知事物规律，具有希望看到事物本质一面的强烈意识与探索激情。还有就是他们都有恒心，他们在科学研究中不断努力，努力，再努力，锲而不舍，具有永不止步的追求精神。

文学家是指以创作文学作品为自己主要工作的知名人士和学者等。其中，诗人是指诗歌的创作者，小说家指小说创作者，散文家指散文创作者，而文学家则是指在诗歌、小说、散文、戏剧等各种文学体裁领域均取得一定成就的创作者，他们是人类精神财富的创造者。

艺术家是指具有较高审美能力和娴熟创作技巧并从事艺术创作劳动而具有一定成就的艺术工作者。进行艺术作品创作活动的人士，通常指在绘画、表演、雕塑、音乐、书法及舞蹈等艺术领域具有比较高的成就，并具有了一定美学造诣的人。他们是生活中美的发现者和创造者，极大地丰富着我们的生活。

哲学家、思想家是指对客观现实的认识具有独创见解并能自成体系的人士。思想主要是用言语和符号来表达的，而致力于研究思想并且形成思想体系的人就是哲学家、思想家。他们用独到的思想解决生活中遇到的问题，且在此过程中逐渐认识自我与宇宙，以此解决人们思想认识上矛盾迷惑的问题。他们是我们人类灵魂的工程师，塑造着我们的人格，探讨所有人类重要的问题和观念，并创造出一种思考和思想的能力，闪烁着智慧的光芒，照耀着人类前进的步伐，推动着人类思想和精神不断升华，使人类不断摆脱低级状态，不断走向更高境界。人是有思想和精神的高级动物，因此，哲学家和思想家是人类不可或缺的，是我们人类的伟大导师。

企业管理家是最直接创造财富的人。他们创造物质财富，推动社会不断进步，使得人们更加幸福。财富虽然只是一个象征，但它与人们的生活、国家的发展、民族的强盛等息息相关。企业家也创造巨大的精神财富，他们在追求财富过程中所表现出来的创新、冒险、合作、敬业、学习、执著、诚信和服务等精神，是我们每一个人学习的榜样。

我们追踪这些名人成长发展过程中的主要事件，就会发现他们在做好准备进行人生不懈追求的进程中，能够从日常司空见惯的普通小事上，碰撞出思想的火花，化渺小为伟大，化平凡为神奇，从而获得灵感和启发，获得伟大的精神力量，并进行持久的人生追求，去争取获得巨大的成功。

影响名人成长的事件虽然不一样，但他们在一生之中所表现出来的辛勤奋斗和顽强拼搏的精神，则大同小异。正如爱迪生所说："伟大人物最明显的标志，就是他们拥有坚强的意志，不管环境怎样变化，他们的初衷与希望永远不会有丝毫的改变，他们永远会克服一切障碍，达到他们期望的目的。"

爱默生说："所有伟大人物都是从艰苦中脱颖而出的。"因此，伟大人物的成长也具有其平凡性。正如日本著名歌人吉田兼好所说："天下所有伟大人物，起初都是很幼稚且有严重缺点的，但他们遵守规则，重视规律，不自以为是，因此才成为名家并进而获得人们的崇敬。"所以，名人成长也具有其非凡之处，这才是我们应该学习的地方。

英国著名哲学家培根说："用伟大人物的事迹激励青少年，远胜于一切教育。"为此，本套作品荟萃了古今中外各行各业最具有代表性的名人，阅读这些名人的成长故事，探知他们的人生追求，感悟他们的思想力量，会使我们从中受到启迪和教育，让我们更好地把握人生的关键，让我们的人生更加精彩，生命更有意义。

简　介

　　张大千（1899—1983），原名正权，后改名爰。字季爰，号大千，别号大千居士、下里巴人，斋名大风堂。四川内江人，祖籍广东番禺。深受国人爱戴的伟大艺术家，特别在艺术界更是深得敬仰和追捧。

　　1899年5月10日，张大千出生于四川省内江县城郊安良里的一个书香门第。18岁时，张大千随兄张善孖赴日本留学，学习染织，兼习绘画。20岁时，由日本回国，寓居上海，曾先后拜名书法家曾农髯、李瑞清为师，学习书法诗词。接着因婚姻问题，削发出家，当了100多天和尚。还俗后，即以其佛门法名"大千"为号，从此全身心致力于书画创作。

　　20世纪20年代，张善孖、张大千在上海西门路西成里"大风堂"开堂收徒，传道授艺，所有弟子们皆被称为"大风堂门人"，简称"大千画派"。

　　20世纪30年代，他在艺术上更是趋于成熟，工笔写意，俱臻妙境，与齐白石齐名，素有"南张北齐"之称。40年代，张大千赴敦煌之后，画风也为之一变，善用复笔重色，高雅华丽，潇洒磅礴，被誉为"画中李白""今日中国之画仙"。

　　1949年，张大千赴印度展出书画，在印度期间他临摹研习了印度的石窟壁画，其后他辗转于香港、台北、日本等地开画展。此后便旅居阿根廷、巴西、美国等地。

1957年，他荣获了国际艺术学会的金牌奖，被推选为"全世界当代第一大画家"，并被世界舆论称之为"当今世界最负盛誉的中国画大师"，为中华民族赢得了巨大荣誉。

1976年，返回台北定居，完成巨作《庐山图》后，不幸于1983年4月2日病逝，享年85岁。

张大千是天才型画家，其创作达"包众体之长，兼南北二宗之富丽"，集文人画、作家画、宫廷画和民间艺术为一体。于中国画无所不能，无一不精。诗文真率豪放，书法劲拔飘逸，外柔内刚，独具风采。

张大千的艺术生涯和绘画风格，经历"师古""师自然""师心"的三阶段：40岁前"以古人为师"，遍临古代大师名迹，从石涛、八大山人到徐渭、郭淳以至宋元诸家乃至敦煌壁画；40岁至60岁之间以自然为师；60岁后以心为师，在传统笔墨基础上，受西方现代绘画抽象表现主义的启发，独创泼彩画法，那种墨彩辉映的效果使他的绘画艺术在深厚的古典艺术底蕴中独具气息。

目 录

降生之初饱受苦难 …………………… 001
母亲启蒙爱好绘画 …………………… 005
写字换来衣食无忧 …………………… 011
离开内江出外求学 …………………… 017
深夜探险树立威信 …………………… 021
遭遇土匪封为师爷 …………………… 025
前往日本继续求学 …………………… 031
名师指点技艺大进 …………………… 037
突发奇想出家为僧 …………………… 043
重返上海再拜名师 …………………… 051
九弟出走终生遗恨 …………………… 056
模仿石涛举世无双 …………………… 062
探索奥妙结识名流 …………………… 070
首次举办个人画展 …………………… 076
游历黄山开宗立派 …………………… 081
辞职离苏定居北平 …………………… 087
刻苦研究鉴赏技法 …………………… 091
国家罹难心生愤恨 …………………… 095

游历边塞考察敦煌……………………………… 101
面壁三年终成大器……………………………… 108
抗战胜利考察西康……………………………… 114
荷花出水画赠润之……………………………… 121
印度考察苦中作乐……………………………… 126
移居南美定居巴西……………………………… 133
与毕加索结下友谊……………………………… 140
荣获金奖名扬世界……………………………… 148
勇于突破再创辉煌……………………………… 152
积极弘扬祖国文化……………………………… 157
离开巴西移居美国……………………………… 166
回到台湾定居双溪……………………………… 174
隔海相望心系故园……………………………… 182
精心创作《庐山图》…………………………… 189
一代宗师溘然长逝……………………………… 200
附：年　谱……………………………………… 208

降生之初饱受苦难

19世纪末的中国,由于清政府的腐败,屡受列强的欺凌。日本为争夺在我国东北及朝鲜的战略地位,于1894年挑起了"甲午战争",清政府被迫签订了丧权辱国的《马关条约》。消息传出后,全国哗然,抗战的情绪达到了高潮。

仅仅过了5年之后的1899年5月10日,在号称"天府之国"的四川省内江县西城外,张大千降生了。

内江位于沱江的中下游,南城门外有一座九层高的白塔叫三元塔。登上塔顶,可以俯瞰内江县全貌:碧玉一般的沱江环绕其中,城内山清水秀,竹林掩映,江上帆影点点,就如一幅水墨画一般。唐代诗仙李白曾经用"青山横北郭,白水绕东城"来描写内江。但在这时,内江刚刚遭受了特大洪灾,民不聊生。

张大千是张家第八个男孩。当时父亲按"正心先诚意"的辈分,为他取名正权。

张家祖籍广东番禺,先祖张德富曾在内江做知县,后来就在内江定居下来了,归田耕读,写诗作画,过着闲淡的田园生活。到了张大千这一辈,已经是第六代了。但这时,张家已经因经营不善而衰落了。

父亲张忠发，字怀忠。年轻的时候，家里已经没有一分田产。他只好去做熬卤煮盐的小生意，但又不幸连本钱都赔光了，只落得挑着竹筐沿街收捡破烂的地步。

为了生活，张怀忠后来还做过弹棉花、给人家挑水的活。但这依然无法使家境有所改善，绝望之下，张怀忠竟然染上了鸦片，在毒品里寻找安慰，并为自己取号"悲生"。

由于家境贫寒，张大千的大哥、五哥、六哥、七哥和二姐都过早地夭折了。张大千刚出生时，连年灾荒，母亲曾友贞营养不够，没有奶水，把孩子饿得整天哭个不停，险些也被饥饿夺去了生命。

父亲急得仰天长叹，母亲也望着八子落泪。幸好，生性善良的邻居张荫梧夫妇与他们交情很好，不仅给他们送钱接济，还答应由张大娘哺乳小正权。

张荫梧家的孩子比小正权小两个月，不过他家比较富裕，生活好奶水足，一个人的奶水可以喂养两个孩子。

从此，小正权由三哥的只有13岁的童养媳罗正明抱着，一天两次出入张荫梧家。这样小正权得以存活下来，并一天天长大。

三嫂罗正明从10岁就来到了他们家，从此就一直帮着干家务。等八弟出生后，她的担子更重了，要给孩子洗尿布，要按时抱着去喂奶。

小正权整个童年都是由三嫂一手带大的。三嫂非常疼他，无论走到哪，都背着他。家里生活困难，常常吃不饱饭。每当初冬季节，山上人家种的红薯收完了，罗正明就背着八弟去挖红薯，偶尔可以挖到几个人家没有挖完的。

初冬的山上，阴云压着湿冷的空气，罗正明背着八弟走了很远的路，有时还要乘船到沱江那边去。北风呼啸着，像锋利的刀子一样,罗正明的手一会儿就冻得通红了。

而这时,她只不过还是个十几岁的孩子啊!小正权在三嫂的背上,刚开始还新鲜地东张西望,过了一会儿就睡着了。

罗正明挖着挖着,小正权醒了过来,哇哇地哭。她情急之下,就把八弟抱在怀里,拿一块红薯自己嚼烂了喂给他吃。这样是不行的,幸好有一位老太太看到了,叫他们到自己家里,把红薯煮熟了,再喂给小正权。

吃饱后,小正权不哭了,三嫂就坐下来哄八弟玩,嘴里唱着儿时的童谣:

> 雀儿搬搬,搬上南山,
> 南山有个金银宝贝。
> 金鼎鼎,银鼎鼎,
> 草鞋耳子蹬波罗。

优美的歌儿,引来树上的小鸟和唱,逗得小正权咯咯直笑。

但是,有时在寒风中挖上一天,也挖不到一篮子红薯。回到家之后,三嫂就开始洗衣服、洗尿布、做饭。等八弟睡着了,她又开始在石臼上捣米浆。

小正权的童年就是在这个艰难困苦的家境中度过的,在他的眼里,几乎没有多少欢乐和动人的色彩。

很快,小正权就3岁了。这时候,家里只靠父亲做零工、母亲走街串巷为人描花绣帐来度日,微薄的收入只够勉强糊口。一年到头,家里的餐桌上都难得见着肉食。因此,童年时候的小正权,身体非常瘦小。

幼年的小正权,虽然身体瘦弱,却是格外机灵活泼,大大的眼睛，宽宽的额头，十分惹人喜爱。穷人的孩子早当家，5岁时，小正权就常跟着三嫂上山拾柴、挖野菜。

父亲沿街收捡破烂，背着弹棉花的工具走街串巷，劳累一天在夜色中归来，伴着不停的叹息；母亲要给人家绣花，换几个铜钱贴补家用，脸上堆满了愁苦。

只有三嫂回荡在山川中甜美的歌声是难得的一点亮色，但更多的是看到寒风中她红肿的手。另外还有昏暗的菜油灯，剥落得残缺不堪的泥墙。

母亲启蒙爱好绘画

春去秋来，转眼小正权已经8岁了。虽然童年里没有多少欢乐，但幸运的是，小正权却受到了良好的教育。首先他的父母都粗通文墨，没事儿的时候也教他认几个字，不过他真正读书写字还是由四哥张文修教的。

张文修读书很多，曾中过秀才，有极好的才华。但后来科举的时候，被人诬陷说答卷里有触犯清朝皇帝的地方，不但没有中举，连秀才的功名也被革除了，从此绝了仕途之念。

四哥回家之时，小正权已经6岁了，于是他就成为了八弟的启蒙老师。先从《三字经》开始学起，接着学《百家姓》《千字文》。等到这些都背熟了，张文修又教他背诵《千家诗》《唐诗三百首》《笠翁对韵》等浅易的诗歌，逐渐加深到四书五经及《左传》《春秋》《史记》等经典和史书。

张文修对小正权要求非常严格，所有他教过的东西必须熟读背诵，否则就用戒尺惩罚他。后来四哥去资中县教私塾，还安排八弟学习书法，每天必须临写五篇楷书字帖，少一张就打一下。

小正权学习非常用功，每次四哥检查他的作业，都完成得很好,当然也有极少的情况,孩子贪玩总是难免的,那就只好让手心受苦喽!

1907年的冬天过去,再过几天就是立春了。立春的前一天,中国农村有"鞭春"的习俗。清末当地的府、县官在立春前一天,迎接用泥做的春牛,在衙门前,立春日用红绿鞭抽打,因此立春又称为"打春"。"鞭春"的主办者一般是当地官府,活动场面非常热闹、隆重。百姓们都说:"这样才能把寒气送走,来年风调雨顺,庄稼丰收。"

这一天,对于生活在这里的家家户户都是一个值得高兴的日子,因为"鞭春"过去不几天,就该是热热闹闹的春节了。接下来,就会漫山遍野的一片嫩绿,到处都充满着生机。春天总是给人带来无限美好的遐想和希望。

对小正权这样的孩子们来说,这一天,更是一个难得的有趣欢乐的日子。这一天,平日里严肃的家长们都会对孩子们放纵一些。小正权兴奋得一夜没睡好,大清早就爬了起来,外面刚刚鸡叫二遍。他找出平时舍不得穿的衣服,头上戴了一顶小瓜皮帽,跟着二哥、四哥跑到大街上,小辫子在头后一甩一甩的,很神气。

街道两边看热闹的人群越聚越多,平时很严肃的家长这时也对孩子们特意纵容。这些小家伙们在人群中钻来钻去,嘻嘻哈哈,你追我赶,纷纷挤占了观看"鞭春"的最佳位置。

张家几兄弟也占到了合适的地方,老八当然被哥哥们放在最前面。"鞭春"的锣鼓声从远处传来了,小正权伸长了脖子,踮起脚,就看到了大路上那长长的队伍。

前面的两列,是几个穿着紫色黑边长袍的人作为前导,他们都戴着高高的帽子。而装饰得五彩缤纷的春牛由两个人抬着跟在他们身后。再后面是官府的其他人等和沿途跟着看热闹的人。

小正权盯着那头彩色的春牛，眼睛一下就直了：这头牛高大健壮，两只牛角异常粗大，前额上有一个白色牛毛拧成的旋；全身棕黑色的毛与白白的四蹄形成鲜明的对比；牛尾冲天翘起，就像一支极有号召力的火把。

有一个农夫打扮的人跟在春牛屁股后面，不时神气地扬一下鞭子，大声地吆喝着。

小正权立刻就被迷住了："多么奇异的水牛！奇异得不可思议，怎么与平日在田中所见的不同，又是这样逗人喜爱？你看它仰天长啸，仿佛鼻子里发出了'哞哞'的叫声。"

看着看着，他就靠近了那头春牛，突然头顶上"噼啪"声响，原来那个农夫正用鞭子在他头上甩响："小娃娃，让开，不许跟这么近！"

但他仍然痴迷地跟着，结果被一个人捉住衣领扔到了人群边上。小正权咧开嘴还没有哭出来，就立刻又被那些彩扎的鳌鱼、镀金的狮子、起伏翻腾的长龙等深深地迷住了。他呆呆地看着，不知身处何地。

回到家里，他问四哥："春牛为啥跟田里的水牛不一样呢？"

四哥笑着说："因为它是用竹篾扎好，用纸糊成的。"

"那为什么不画得跟真牛一样？"

母亲笑眯眯地插话了："八儿，这头春牛是送给开封府包青天的，所以要把它装扮得漂漂亮亮的，包大人才会收下；如果做得跟田里的真牛一样黑乎乎的，包大人生气不收，明年的庄稼就不会丰收了。"

母亲曾友贞聪颖贤惠，为人善良，从在娘家时就喜欢描花绣凤，嫁到张家后，为贫困的生活所迫，重操旧业，做起了绣花的活儿。由于她手艺好，绣得栩栩如生，久而久之成了内江县有名的

"张绣花"。

她不但勤劳，而且教子有方。虽然家里很穷，但她还是让孩子们读书。在她的精心培育下，儿女们都在各个方面取得了好成绩。

这时张老八听了母亲的话，似有所悟地点了点头：画的应该比生活里的更好看些。

春天到了，一个阳光明媚的上午，妈妈领着小正权去走亲戚，路上他开心地四处看着，杨树、柳树又生出了新叶，成群的鸭子在河里欢快地游着、叫着。

妈妈一边走着一边嘱咐儿子："八儿，到了人家要有礼貌，到门口要喊人，要鞠躬。"

"嗯！"

到了亲戚家，小正权像个小大人一样向每一位长辈鞠躬问安，人们纷纷夸奖。然后大人们就到屋里聊天去了。

正权与几个表哥表姐在院子里玩，一会儿几个孩子就混熟了，这时表哥说："我们到三元塔上去玩吧！"

小正权一听"三元塔"，立刻高兴起来，在家里每天都远远地望着三元塔那巍巍的身影，那一片片白云就像拴在塔尖上一样，今天能登上去自然无比兴奋。

几个孩子爬上了陡峭的山坡，费了很大的劲才登到了塔顶，小正权放眼一望，立刻就被惊呆了：

啊！这就是我生活的内江吗？原来家乡的景色是如此美丽，沱江像一条浅蓝色的玉带，从西向东伸开，两岸重重叠叠碧蓝的山峦，给人无限的柔情。

玉带在县城的腰上绕了个大圈，顺着三元塔下的山脚，又由东向南伸向了远方。河面上小船来往穿梭，波光粼粼，夕阳下河滩上的细沙闪烁出一片金色光芒。

正权倚在窗洞的石壁上,暖煦的春风呼呼地在耳边响着,心中产生了与上次看"鞭春"时一样的感觉,只是那次是人类的智慧,而现在则是大自然的魅力。虽然内容不同,色彩各异,但都诱发了小正权对艺术的向往。

于是他从9岁开始,就向母亲学习画画,但不是想当画家,依然是为了生活。

因为母亲的手艺高,人缘也好,因此大家都喜欢让她做活。活太多忙不过来,她就让孩子们做她的帮手。二哥善孖、大姐正恒(小名琼枝)都跟着母亲学画,画得已经相当不错了。

这一天,母亲把小正权叫过来:"八儿,你看这只鸟好看吗?"她手里拿着一幅花鸟图案,画上一只喜鹊落在梅花枝上。

小正权歪着头看了看:"好看,就是,就是为啥只画了一根树枝呢?喜鹊应该停在大树上才对啊?"

妈妈没想到儿子小小年纪会有这样的问题,她不由得一愣,但想了想随即笑着回答说:"嗯,具体为什么我也说不太清楚,反正这样更好看。对了,你想一下,如果画出一棵大树来,那喜鹊就会画得很小才对啊!而且树枝画多了就太杂乱了,也不好看。"

小正权"嗯"了一声,似懂非懂。

母亲接着说:"来,八儿,在画上蒙个白布,你帮我把这个鸟拓下来好不好?"

"好啊!"

小正权在母亲的精心指点下,画画的水平迅速进步。母亲也尽自己所知,把这世界上最美好的东西灌输给儿子,从肝胆忠义的关公讲到精忠报国的岳飞,从卧薪尝胆的勾践讲到王羲之的墨池,希望儿子能够长大成才,使儿子的心中充满了对前程的美好憧憬。

从小的耳濡目染,加上过人的天赋,小正权从一开始,就对画画产生了浓厚的兴趣。眼看着大自然中烂漫的山花、鸣叫的百鸟，被母亲灵巧的画笔展现在画布上，小正权兴奋不已，想象着自己也能像母亲那样，随心应手地把喜爱的花鸟活灵活现地表现出来。

他刻苦学习画画，在家里用纸笔画，上山打柴、放牛，则用树枝、石块在地上、石壁上画。在家庭的熏陶下，小正权进步很快，不但能帮助母亲描绘花样，画较复杂的花卉、人物，而且写字亦较工整，常获得长辈称赞。

写字换来衣食无忧

教张正权学画的另一位老师就是二哥张善孖。二哥也是在母亲的启蒙下学习绘画的，但随着年龄的增长，他已经近30岁了，绘画水平日益提高，渐渐母亲那种手工艺人的水平已经无法再满足他的需求了。

内江也找不出什么绘画高手，于是勤奋好学的张善孖就约了两个爱好绘画的朋友，到百里之外的资中县拜了有名的民间画家杨春梯老先生为师。

张善孖在名师的指点下，进步很快，十余年后成为了国内有名的大画家。但在张善孖学习的时候，他也没有忘记喜欢绘画的八弟。

大哥早逝，家中兄弟以二哥为长。二哥比张正权大很多，再加上平日不苟言笑，做事稳重，因此兄弟们在尊敬他的同时也很畏惧他。

但二哥一直很喜欢小正权，只要有空，他总会把八弟叫到身边，辅导他练习白描，尤其是花鸟和工笔人物。而二哥作画的时候，小正权也常常在旁边为二哥端墨铺纸，或者趴在旁边出神地看。二哥会一边画，一边为他讲解用笔、用墨、用色等技法。

有一次，二哥与几个朋友又聚到了阁楼上作画。小正权则在旁边帮着研墨。当时二哥正在画一棵青松，桌上铺着一块原来是门帘的蓝色布。

画着画着，二哥手提着画纸两角想往上提一提，小正权也赶紧帮忙，但不小心把笔洗给弄翻了，墨水湿透了桌布，又在画纸上浸黑了一大团。

二哥这下不高兴了，站起身来，用手拢着颔下的胡须，两眼盯着八弟正想训斥他几句。

正权做错了事，自觉地低下头来，他眼光落在那块污处，突然大声叫起来："云彩，云彩！二哥，你看，它是一团云！"

二哥被他那副样子弄得哭笑不得，他收回眼光，看画上的水迹：原来，笔洗里的水不是纯正的浓墨，而是浓淡相间的墨水，浸到纸上，在松枝的两侧刚好造成了似云像雾的一种感觉。

二哥意味深长地看了眼旁边兴奋不已的八弟，没有说话，但心里不由得想："八弟的想象力还蛮丰富的。"

其实在小正权心中，更亲切随和些的还是大姐琼枝。

当小正权10岁多的时候，他常常会自己跑到城隍庙的书摊上，买来一些绣像的《三国演义》《封神榜》之类的小说。不仅是那些小说使他着迷，小说里那些人物绣像画更使他爱不释手。他先是拿薄纸蒙着描，后来就照着画，那些披着盔甲的武将和摇着羽扇的军师，让他画着画着都忘了吃饭。

有一天，他低着头画得正起劲，没有注意到大姐悄悄来到了他身后。

看了一会儿，大姐笑了："八弟，男人的脸不能画成这么圆的，要有棱角才威武啊！喏，貂蝉的肩膀也不能这么平啊，女子的肩与男人是不一样的,要斜一些。"

"为什么要斜一些?"

"你想啊,女人不用常挑担子,肩膀自然是斜的。那样不是更美吗?"

大姐亲切、随和、通俗的讲解,让小小的正权一听就明白了其中的道理。正权的童年就伴随着花鸟虫鱼和人物肖像不知不觉地过去了,走进了少年。

1911年,张正权12岁了,正是农历辛亥年。这正是中国发生激烈变革的一年,随着震惊中外的广州起义的爆发,连小小的内江县城也动荡起来。

张正权的表叔喻培伦,就是黄花岗七十二烈士之一。起义失败后,他的弟弟喻培棣与一些战友们回到内江继续进行革命活动。

这时,有一个惊人的消息把正权震撼了:一向安分守己、为人敬重的二哥竟然参加了革命活动,上街演讲,发起并成立了内江保路同志协会。

母亲急得要死,不住嘴地唠叨:"你看你二哥哟,跑去犯这种满门抄斩的罪行,将来咱们全家都要受他连累。"

但是母亲却不敢当着二哥的面唠叨。因为二哥几句义正词严的道理一摆,她就没有话讲了。

二哥一出去,母亲就又在正权和九弟面前唠叨:"在家里画你的画,读你的书,天塌下来也不会有你的事。八儿,你们可别学你二哥这样啊!"

动荡的局势并没有过去,南方以孙中山为首的同盟会又开始了活动,官府贴出告示,要求各家各户派出壮丁组织操练。正权的三哥被派了去,穿上"勇"字衫,头上扎着英雄结,拿着大刀、长矛在校场上操练。正权他们每天都跑去看。

随后，为了防止革命军攻打县城，正权他们这些十一二岁的孩子也被派去顶替大人守夜。三更天一声炮响，城门关严，孩子们就手拿劈柴的弯刀，一块儿守在千斤闸后面，但紧张过一会儿之后，他们就会围拢在老更夫的身边，听他讲姜太公到诸葛亮，后来又变成了刘伯温，不知不觉天就亮了，然后每人领10文钱回家。

张正权心里一直疑惑：像二哥这样的人也成了革命党，看来革命党也并不像人们说得那样可怕。

但是有一天，张正权也造反了，但他不是造官府的反，而是造了父亲的反。

原来，那天中午吃完饭，父亲又要出去捡破烂，但从厨房里拿筐出来，脸上一下变了颜色，胡子也颤抖起来，大吼一声："谁把油罐打破了？"

当时九弟去了已出嫁的大姐家，他眼光落在家里仅剩的男孩正权身上，不是他还是谁？菜油在当时可是非常贵重的，尤其对他们这个贫穷的家庭，母亲每次做菜都舍不得多用。

于是，火冒三丈的父亲抓过正权，不由分说拿起竹条在他屁股上一顿猛抽。母亲虽然一向疼老八，但这次也是跟父亲一样真生了气，她忍着没有过来解劝。

正权心中又气又委屈，疼得眼泪扑簌簌直往下掉，但他却没有哭出声来，心里一直想："不是我弄的，为什么没查清楚就打我？四哥就在重庆，我找他去，不在家了。"

打完后，父亲背上筐出门了，母亲也去干活了。正权一咬牙，约了一个小伙伴，是他在河滩上凭摔跤征服了的大牛，二人拿了一些纸和几支笔，就离家出了南门，沿着官道向着重庆出发了。

当天下午，母亲正在屋里做活，忽然听到厨房里"哗啦"一声，她赶紧走进去一看，原来是家里的大花猫把盐罐弄翻了，盐撒了一地。这时她才明白错怪了八儿。

到了晚上掌灯的时候,孩子还没有回来,大牛的母亲也找来了,说中午正权去叫过大牛。两家人都着急了,山上、河边、城里各条街道都找遍了,但都没发现两个孩子的踪影。

话说两个小男子汉一路走一路玩,不知不觉就走出了30多里路,来到了一个小镇上。

这时,月亮已经升起来了,两个人找了一个大户人家的门楼前,"天当房、地当床"地倒下睡着了。

一夜无话,第二天一早被肚子吵醒了。两个人肚子都饿得"咕咕"叫,但他们身上连一文钱也没有,这可如何是好?大牛叹道:"常言说:一文钱难倒英雄汉。你我两个英雄不想落难在此。"

正权被大牛逗乐了,他这一笑突然笑出了一个办法。他拉着大牛敲响了栖身的那户人家的大门,门分左右,里面出来一位老汉,上下打量了他们一眼:"昨晚没赶你们走,是不是睡得不舒服了,还敲我们家大门?"

正权上前说道:"大爷,我给你画画,要不写对联也行,不收钱,您给点吃的就行。"

老人一听,哈哈大笑:"小娃娃好大的口气。嗯,既然敢这么说,想必有些本事,跟我来吧!"

进了院子,老人拿来红纸,并叫人摆上桌子,取来墨汁。

正权气定神闲地往桌前一站,略一深思,随即就提笔写了几副对联,当然词只是"生意兴隆通四海,财源茂盛达三江"或"世事洞明皆学问,人情练达即文章"之类的,但字体工整、字迹清秀,对12岁的孩子来说的确不易。

老人大吃一惊,他当即叫人买了几碗面给两个孩子吃。他们吃面的时候,老人已经把这件奇事对邻居们讲了。不一会儿,附近的人们都挤进院子里来看。

肚子里有了东西,张正权的精神更足了:"各位,我们兄弟俩路经宝地,身无分文,仅有粗艺在身,现为大家写字、作画,不要钱,给点吃的就行。"

接着,他又开始画起来,一会儿就画了一长串。大家都看呆了,不由得"啧啧"称赞。

在当时那个年代,老百姓识字的并不多,所以,逢年过节还要请私塾先生来给写对联,不但要付给先生钱,还必须恭恭敬敬地请来送往。而现在这个孩子不但能写会画,而且那字写得与那些先生们简直不相上下。

两个孩子就靠写字换了几顿饱餐,而且很多人都赶来瞧热闹,也有人跑来求写对联。"小孩子能写对联"的消息迅速传遍了全镇,当然,一天后就传到了30里外的内江县城。

两天后,正在精神抖擞不停挥笔写字、画画的张正权终于被家人"抓"了回去。但是,两个孩子并不沮丧,反而神气地走在最前面,脸上没有一点受苦的委屈样,而是红光满面,而且张老八的身上还多了件半新的黑布长褂。

张正权没有花钱却衣食无忧,这让他兴奋不已,而且这是他第一次在公开场合表演画画、写字,虽然只有两天,但对他以后走上艺术之路却产生了巨大影响。

这年10月10日,武昌起义成功;11月28日,清王朝派到四川镇压革命的大臣端方被杀身亡。同一天,吴玉章领导革命志士在内江宣告起义,成立内江革命军政府。

1912年1月1日,孙中山在南京宣布成立中华民国临时政府,统治中国长达2000年的封建制度彻底结束了。

离开内江出外求学

革命胜利后，张家的家境也从此大为改观。二哥张善孖作为同盟会会员，出任乐至县县长，四哥张文修在内江师范学校任教。家里逐渐有了富余下来的钱，父亲和母亲在县城里开了一间杂货店，再也不用沿街捡破烂和起早贪黑为人家绣花了。三哥张丽诚从小没读过书，就成了这家"义为利"小店的店员。

1911年，父母带领全家加入了基督教会。这时候已经12岁的张正权也终于背起书包，走进了基督教会在内江开办的华美初等小学堂。

父母一直希望能让老八正权接受正规的教育，原来因为家境贫寒一直无法实现，现在家里经济宽裕了，父母自然要把小正权送到学校去。一说到要去上学，张正权非常高兴，一大早就起来，连早饭也没顾得吃就朝学校跑去。

这所学堂的学生并不多，因为是教会学校，所以，学校里大多数是教民的子女。在这里，张正权感到一切都是那样的新奇，因为这里有过去私塾里没有的诸如地理、算术、英语等课程。

地理课上，老师取出一张世界地图，在上面，中国也只是小小的一部分，内江则根本都算不上一个小点了。

张正权心里惊奇："世界是多么大啊！有一天我一定要走遍世界，亲眼看一看外国是什么样子，看看那些蓝眼睛、高鼻子、黄头发的民族，去看看'上帝造人''亚当夏娃'的故乡。"他的眼前展现出一个广阔的天地，也从此立下了宏伟的志愿。

但是只有一样让小正权不高兴，那就是学校里不教美术课。上学几天以后，他回到家里就问母亲："妈妈，学校里为什么不教画画？"

母亲说："我也不知道，我从来没进过学堂。学校不教就自己学呗！"

这时二哥不在家，张正权只好自己画，白天上课，晚上回家吃完饭，做完功课，他就开始画画。有时画到很晚都不肯睡觉，母亲只好进来把灯给熄了。星期天不上课，他就爬到阁楼上去画。

这时候，他已经不满足于工笔画，而开始尝试着写意、花鸟，从临摹书上的，到瓷器上的，最后看到谁有就借回来细致地照着画下来。

画累了，张正权就趴到窗口上望着外面的景色：窗下有一口老井，井口上长满了绿色的青苔，沿着井台边一条弯弯的小路，走着扛着犁、牵着牛、携着筐的人；天蓝蓝的，鸟儿在白云间飞翔。

张正权不停地练着，刻苦地画着，他的绘画水平在内江已经小有名气了。

刚刚过了两年多舒服日子，张正权14岁那年，世道又乱起来。

1913年，袁世凯窃取了革命胜利的果实，复辟称帝，他的行为激起了全国人民的反对。张善孖也积极地参加了四川熊克武发动的讨袁运动。

但是，由于寡不敌众，讨袁运动失败了。张善孖于这年秋天只身逃回了内江，每天躲在阁楼里作画，逃避袁世凯手下的追捕。

张正权也不问二哥为什么回来，但他很高兴又能跟二哥学画了。

有一天，张正权又看二哥在阁楼上作画，看了一会儿，他就趴在窗口向外看风景。这时，他突然看到几个北洋军人提着枪向他们家走来。

他赶忙对二哥说："二哥，你看！"

张善孖一听八弟声音异常，就飞快地跑到窗前，他只看了一眼，就匆匆地下楼从后门逃走了。那几个人进来没有找到张善孖，也没有多问什么，就回去复命了。

张正权虽然不太懂为什么有军人来抓二哥，但他始终坚信二哥不是坏人。张善孖逃到百里之外的乡下躲了起来，隐姓埋名当了一段时间的教书先生，后来辗转去了日本。

由于社会的开放，内江的经济也迅速发展起来，张家杂货店的生意也越来越红火了，铺面也扩大了。有了钱，张怀忠又想让八儿子去大学堂读书。而这时，四哥张文修来信了，让八弟到重庆求精中学去读书。

求精中学位于重庆的曾家岩，是当时颇有点名气的学校。张文修受聘于此任国文和历史教师，他建议父母让小正权在这里读初中。

张怀忠把正权叫到跟前说："你已经15岁了，现在你四哥也给你报了名，你正好出去见见世面。现在就剩你和你九弟，你们都要好好读书。你准备一下就去重庆吧！"

张正权眼中立刻露出了喜悦的光芒，自己长这么大，还从来没出过内江。他知道重庆比内江大得多，去重庆正是他梦寐以求的。

张正权第一次远离家乡和父母，他搭乘运白糖的木船沿沱江驶入长江。进入长江后，张正权站在木船上，看着浩瀚的江面，视野极为开阔。

少年的心中不由得涌起一股豪情："长江比内江真不知大了多少倍，它真像是一幅画不完的画，这正所谓'山外青山楼外楼'。我就要走出闯荡世界的第一步了！"

重庆位于嘉陵江入长江交汇口及成渝、川黔、襄渝等铁路的交接处，是长江上游水陆交通的枢纽。它地处四川盆地，三面环江，形如半岛，城市依山建起，素有"山城"之称。重庆是西南地区经济与文化发展的中心之一，商贸活动繁忙，这使初次远游的小正权大开眼界。

深夜探险树立威信

求精中学设在曾家岩,学校的后墙陡坎下就是嘉陵江。重庆是个繁华的大商埠,朝天门码头每天人来人往,嘉陵江上货船川流不息。

求精中学是重庆一所优秀的学校,不仅校规严,而且对入学的学生挑选得很严格,当时也只有一些大户人家的阔少能上得起。

张正权跨进了求精中学,他头戴瓜皮帽,穿着蓝布长衫,脚蹬圆口布鞋,鞋后跟还缝着两根蓝布带子,以便能捆在脚踝上。这与那些穿着洋布学生装、留着漂亮小分头的同学相比,简直显得太土气了。

那些大城市的学生看着这个从小县城来的"乡巴佬",都不屑地撇撇嘴说:"哼,又土又傻的土包子,如果不是他四哥当国文教员,他肯定进不了我们学校。"

但是没过多久,这个"乡巴佬"就让同学们刮目相看了。在求精中学,小正权读书非常用功,尤其是一手工整的毛笔字、较好的国文底子深得老师的赞赏,同学们也渐渐地都开始佩服起他来。

在求精中学的生活是丰富的。小正权每门功课学习完毕,仍坚持不间断地画画，画艺也不断提高。尤其是他喜欢画古装仕女，同学们善意地给他起了个外号：张美人。渐渐地，他在同学中已是小有名气了。

在求精中学学习期间，唯独有一门课令小正权想起便沮丧不已，那就是数学。数学对于小正权来说，似乎是太难了，虽然费了很大的气力，却怎么也考不及格。

及至晚年，他每与子女谈起此事还颇感遗憾："在求精，我各门功课都好，唯有数学不及格！"

随后发生了一件事，更让同学们由佩服而转为敬重这个矮矮胖胖的"乡巴佬"了。

求精中学的管理十分严格，所有学生必须住校，熄灯号一响，宿舍必须关灯。这样，学生宿舍顿时就会一团漆黑，一片寂静。

学生的宿舍紧挨着操场，而操场外就是一片野草萋萋的坟地。

有一天夜里，从坟场里突然传来一声高过一声的"呜呜"的凄厉而刺耳的嗥叫声。宿舍里的学生们在黑暗中睁大了眼睛，胆子小的同学都钻进了被窝里，有的甚至捂起了耳朵。

过了一会儿，"呜呜"的叫声中还夹杂着令人恐怖的"咯咯"的笑声。

天亮了，同学们三五成群地挤成一堆，议论开了：晚上到底是什么东西在叫在笑？大家眼中都满是疑惑和恐惧。一个读过《聊斋志异》的同学断定，这肯定是狐仙在拜月。

他还说："拜月的狐狸精看中了哪个英俊的男子，就变成一个美女找他，用不了几天，就会吸干这个男子的精血，让他成为一具干尸。"

大家都听得目瞪口呆，一到晚上，又连忙死死地捂住了脑袋，生怕狐狸精找到自己头上。

一连几晚，坟场里都传来"呜呜"的叫声。

张正权从小生活在乡下，他也听过这种声音，他曾经问过母亲，母亲说："这是野兽出来找东西吃，吃饱了就不叫了。但有时吃得高兴，它还会笑呢！别怕，八儿。"

张正权想到这里，决定查个水落石出。一天他与一个平时说自己胆子很大的江津来的同学约好了，各自找了一根木棒，放在床边，准备晚上去冒险查个清楚。

"呜呜"的声音又响起来了，张正权轻手轻脚地下了床，拉了拉约好的那个同学，但他一动也不动，张正权急了，又推了几下。那个同学从被窝里伸出一只手摇了摇，又急忙缩了回去。

张正权犹豫了一下："就剩我自己了，去不去？嘿，男子汉说过的话怎能不算数，那多丢人！"

于是他手握木棒走出了房门，来到了操场上。清冷的月光笼罩着校园，四下里静悄悄的，显得格外阴森。

张正权侧耳倾听，认准了那声音的来处，就踮着脚向那里走去，远远地就看到一个影子在草丛中晃动。他又走了几步，举起棒子就朝那影子扔了过去。可能是太紧张了，棒子没扔出多远就落在操场边上，在寂静的夜里发出"啪"的一声重响。

随着这一声，草丛里突然蹿出一个像小羊般大小的野兽，它突然看到站在面前的张正权，就慌忙扔下口中的东西，往别处逃掉了。

张正权也被那东西吓了一跳，赶紧飞跑回宿舍，关上门就钻进了被窝里，心里怦怦直跳，但不禁有些得意："毕竟是我的胆子大！"

第二天早晨，校长把同学们都集合起来，沉着脸吼道："是哪个捣的鬼？"

顺着他手指的方向,同学们看到了操场边上的木棒和草丛里的一具白乎乎的骷髅头。大家都惊叫一声,不知是哪个男子被狐狸精吸干了血。

张正权出来承认:"报告,木棒是我扔的。"

校长一看是国文教员的弟弟,口气略缓和了一下:"你为什么要搞恶作剧?"

张正权就把这几晚的情况一五一十地讲了。他指着骷髅说:"这不是我扔的,是昨晚逃跑的那只野兽丢下的。"

校长打量了一下正权的神情,转身走入坟堆里,不一会儿走了回来,对大家说:"可能是一只野狗把坟给刨开了。没有什么事,大家继续做早操。"

从此,张正权在同学中间建立了很高的威信,大家无不钦佩这个不怕鬼的"张美人"。

遭遇土匪封为师爷

1916年5月，学校放暑假了。张正权与几个同学商量："每次回家都坐船走水路，这次我想走旱路，沿途可以多见识一些东西。好不好？"

几个顺路的同学都表示赞同。于是8个同路的同学离开重庆，走上了去内江的官道。没有路费，他们就一路步行。

张正权说："我有个主意，走到一个同学家，就到他家吃一顿，拿一块钱再走下一段。"大家齐声说好。

第二天来到一个同学家，接下来就剩7个人了。大家晓行夜宿，边走边聊，很快就来到了丁家坳。这里是第二个同学的家，在那里他们遇到了学校的体育老师刘伯承，即后来的中国人民解放军元帅。

当时，刘伯承正在这里帮助招安土匪，他看到这几个小青年步行回家，就劝他们道："你们不要再走了，前面很不安全，到处都有土匪。"

"初生牛犊不怕虎"，几个年轻人并没有听从他的劝告，仍然继续赶路。有个同学还开玩笑说："土匪有啥可怕，他们不也是人吗？

大不了把张老八那根上海皮带抢去挂枪用。"

他们又送走了一个同学后,剩下的5个人竟然先后遇到过6伙土匪。那个开玩笑的同学也真是料事如神,因为土匪们搜遍他们全身,除了书就是纸,没有一文钱,果然他们就抢去了张正权那根漂亮的皮带,而且真的立刻把枪挂上了。

侥幸脱险之后,张正权对那位同学说:"你说话这么准,以后不要再乱说话了。"

大家连土匪也遇过了,越走反而胆子越大,很快就到永川、荣昌、大足三县交界的邮亭铺了。

他们来到一座教堂,希望在那里过夜,第二天好赶路。但是神父却说什么也不让他们住,还劝他们赶紧离开这里:"今天这里土匪与民团交战,双方都死了人,土匪今晚肯定会来报仇。"

这时,几个同学也开始害怕了,大家议论了半天,张正权说:"天已经黑下来了,谁知道土匪会从哪个方向来,如果在路上遇到了,看不清楚容易被误伤,还不如就地休息。"

大家听了他的话,想想也没有更好的办法了,只好找了教堂的石墙作为掩护,躺下来休息。几个人一天内连续受惊,走得也累了,不一会儿就都睡着了。

他们睡了不到两个时辰,就听到了爆豆一般的枪声和喊声。几个人都一下子惊醒,坐了起来。张正权起身,伸头向外望去,不由得吓出了一身冷汗:成群结队的土匪打着火把从四面八方冲了过来。

大家都慌了,四散奔逃。张正权没有跑出多远就被土匪绊倒了,而且双手反绑起来,眼睛上也被蒙上了黑布。

土匪虽然取得了胜利,但也怕民团反扑,就抢了些东西,押着一群俘虏撤退。正权眼上的布被取走了,然后也给他松了绑。他看到这是一家客栈，土匪们临时在这里驻扎。

这时，一个头捆四川人常用的白布帕、身穿黑绸对襟衫的人走了出来，只见他的腰间还束着一根大红绸带。他把手在红绸带的英雄结上一叉，大声说："弟兄们辛苦了！"

正权心里说："这一定是土匪头子。"

接着土匪们就喝起了庆功酒，正权打量了一下，当时屋里大概有二三十个土匪。接着土匪们开始审问俘虏，清查他们的底细。

当得知张正权不是民团的，只是重庆读书的学生，但他家不仅在内江开了家兼营批发的百货店，三哥还在重庆开了买卖，于是就让他写信回去让家人拿钱来赎人。

"那要怎么写你们才肯放人？要多少钱？"

土匪头子说："我们不害你，你是个读书人。你现在就写，让家里拿四挑银子来赎。"四挑就是4000两。

张正权镇定了许多，心想："他们只不过想要钱而已。"于是就跟土匪头子说："我哪值得了这么多？再说家里全部家当也不值这些，您江湖好汉高抬贵手，恰似《水浒》中的及时雨。"

说来说去，那土匪竟被他说通，价钱也降到了两挑。

于是张正权取出随身携带的笔墨开始写家信，旁边有个可能读过几天书的小头目见了不由得赞道："这学生娃写得一手好字呀！老大，要不让他做我们的文笔师爷吧！"

那头目接过信，仔细看了半天，哈哈大笑起来："真会弄词啊！不称我们土匪，而叫作江湖英雄，好！不用你家来赎人了，你就做我们的师爷吧！"

张正权大吃一惊："不行啊，我书还没读完呢！"

"读书将来有什么用？"

"我可以教更多的人读书啊！"

"那能挣多少钱？"

"每个月总有十来块钱吧！"

土匪们都哈哈大笑起来，那头目说："做我们的师爷，那可是第二把交椅，随便分一次就是一两百块大洋。快过来，向师爷请安！"

其他土匪都走过来，向张正权双手抱拳："给新师爷问安。"

张正权两手乱摇，就是不肯答应。

大头目生气了，把桌子一拍："你不要敬酒不吃吃罚酒！给你脸不要，那就拉出去毙了算了！"

张正权毕竟只有17岁，吓得不知所措，心里想："先保住命再说，现在只能做刘皇叔'青梅煮酒时'了。"

张师爷坐轿，由卫兵抬着回到山上，山门上两个站岗的向他行礼，神气地进了山寨。就这样，张正权成了土匪的文书师爷，主要任务是管账，写告示，为绑票写信向家人要钱。

时间长了，张正权发现，这伙土匪中的人以前大多都是安分的乡下农民，都是为生活所迫不得不铤而走险。他们下山大多是抢有钱人，一般不伤害穷人。

张正权偶尔也被迫和土匪们一起去抢劫。有一次，张正权被迫跟随老康去抢劫一个大户人家，按土匪的规矩，下山抢劫是不能空手而还的。张正权对书感兴趣，于是他就到书房去拿了本《诗学涵英》，正好被另一个土匪看见，训斥道：别的不好捡，怎么抢书？"输"字犯忌的，赶紧换别的。无奈，他只好又取了四幅《百忍图》一起带走。

他抢回来的这本《诗学涵英》，就成了张正权在这个刀光剑影的山寨里的精神食粮，一有空闲，他便拿出研读吟诵。

"我学作诗也就是在那个时候开始的。《诗学涵英》，就是我自修摸索的启蒙书。没事的时候，我常捧着书本，躲在后院吟吟哦哦。有些时候，自己也胡诌几句，自我陶醉一番。"

说起来，他学诗还因为在这里认识了一位前清的进士，并且救了那人一命。那进士老者全心全意地教张正权平仄对仗等一些诗词规律。他在山寨最大的收获是认识了社会，这种认识是在课堂上学不到的。

这些被官府豪绅压榨，被迫做了土匪的农民，大多心地善良。张正权和他们聊天时，知道了这些昔日的农民每一个人都有自己的悲惨历史。这支土匪队伍就是人吃人的社会现实的一个缩影。

他几次都想逃走，但都由于戒备严而没有成功。一个月过去了，两个月、三个月过去了，张正权表面上对这种快意恩仇的生活已经满足了，土匪们对他的戒备也渐渐放松了。

他正想逃走，但这时突然得知，他的同学樊天佑也在那一晚被另一伙土匪捉到了。于是，张正权暂时放弃了逃走的打算，就找机会去另一伙土匪那里看望同学。

樊天佑的手依然被绑着，他一见张正权就哭了起来，原来，他没有张正权这么好的运气，在那伙土匪手里一直受虐待。

张正权安慰了同学一番，然后去找他们的头目讲情，那个心狠手辣的家伙开始不答应，后来总算看在他"师爷"的面子上，同意放人，但是有个条件：四挑银子是不能少的。

张正权又与他讨价还价，最后同意要800个银元，但却必须由张师爷留在那里担保，以10天为限。张正权一天天地数着日子，一天比一天紧张。

一直到了第八天，樊家还没有送钱来，这时那土匪就拿着大刀在他眼前威胁说："张师爷，对不住了，江湖道义所在，到时你的脑袋搬家别怪我。"

第九天，突然四下里枪声大作，连看守他的人也跑了。张正权弄不清怎么回事，就与手下沿小路回到了自己的山寨上。原来又是官府与民团来剿匪了。山寨上也正在紧张准备。

张正权终于等到了这千载难逢的机会，他急忙返回屋内，包好自己的东西，将土匪分给他的全部衣物钱财放在显眼处，又在上面压了一张字条，上写："小弟我井水决不犯各位大哥的河水。"

不过他不逃了，很快他们的头目就与官兵谈好了条件，接受招安。大当家的被改编做了连长，张正权依然被安排做文书。

这时张正权与前来招安的营长说明了情况："我是重庆求精中学的学生，回家途中被连长他们绑票的，后来做了他们的师爷。"他一五一十详细讲述了一遍，营长不信，派人到内江去了解情况是否属实。

后来四哥赶来，才把他又接了回去，从5月10日被俘到9月10日重获自由，他当了100多天的师爷之后回到学校，再次成了同学们瞩目的焦点，甚至传为章回小说中的英雄人物。

这100多天充满传奇色彩的经历，不仅锻炼了张正权的阅历，也使得他以更加成熟的目光，更加深刻地看到这个社会的另一面。这是他人生道路上第一个值得永远怀念的经历。

后来在上海，当成为了"张大千"的张正权34岁生日时，他的朋友郑曼青还赋诗咏叹此事：

　　大千年十八，群盗途劫之。
　　非独不受害，智为从所师。
　　在山百数日，垂垂茁广髯。
　　一日遁归来，始得脱指麾。

前往日本继续求学

就在张正权结束了"百日师爷"的传奇经历后一年,袁世凯倒台了。然而,中国却又陷入了军阀混战的局面。

18岁的张正权已经长成大人的模样了:中等个子,体魄健壮,宽脸膛,大额头,眉宇间透着灵气,双目炯炯有神,下颏已经长出了浓黑的络腮胡子。

这一天,四哥张文修把他叫到了自己的宿舍,郑重地对他说:"八弟,你也不小了,上了十八,就是成人了。"

说着,他把桌上的一封信递给正权:"这是二哥从日本东京寄来的。袁世凯倒台了,二哥的案子也结了。他来信让你去日本留学,你有什么意见?"

张正权笑了,在教会学校第一次见到世界地图时的那种激动又在心中升腾起来。他早已不满足这个比内江大多少倍的重庆了,他想到更广阔的天地去,但没想到这么快就实现了。

四哥的话打断了他的思绪:"你也应该去见见世面,学到知识回来报效国家。自己的路要靠自己去闯,知道吗?"

张正权也郑重地点了点头:"是,四哥,我记住了!"

于是，他结束了在求精中学4年的学习生活，暑假的时候就正式离开了。张正权先回到内江向父亲道别。

张怀忠这时的生意也做大了，他一边喝着茶，一边对八儿说："到了日本要好好读书。你们想一想，要不是我过去读过书，能写会算，怎么能把生意做得这么大？你看那些不识字的，最多只能做个小商贩，一辈子守着巴掌大的一个摊子。"

张正权听着，看到老父亲现在身边只有三嫂和年事渐高的母亲，九弟也到重庆求精中学去读书了，自己不能在父母身前尽孝，不由得一阵心酸。

夜已经很深很深了，就连后窗墙下的蟋蟀也停止了吟唱。正权却难以入眠，他再次站到窗前，发现母亲房间的灯还在亮着。他悄悄走到门外，看到母亲正在为自己缝出国要穿的蓝布学生装。她怕灯光太亮让孩子发觉，竟然用蒲扇遮住半边光亮。

这时，母亲拿针在白发上擦了几下，又低头缝了起来。

看着看着，张正权的眼前蒙上了一层水雾，他不由得想起了孟郊的《游子吟》：

　　慈母手中线，游子身上衣。
　　临行密密缝，意恐迟迟归。
　　谁言寸草心，报得三春晖。

第二天清晨，乳白的雾又浓又潮，客船离开了码头，顺流而下。张正权站在船尾，向父母挥手告别，浓雾遮住了回望的视线，父母的身影和他们的满头白发都渐渐看不到了，但张正权却清晰地记住了他们脸上滚动的泪珠。

船桨有节奏地划着，发出单调的声音。船儿也有节奏地轻轻摇荡。雾散了，太阳渐渐露出了淡黄色的微光，两岸的青山沐浴着朝晖，慢慢地向后退去。

一段时间之后，木船随着沱江划进长江，开始了长江万里行。在宽阔的江面上，小船似乎变成了一片树叶。洪水带着夏汛后的泥土味，冲入鼻中。一只只翠鸟随着波涛疾飞，一会儿冲入云霄，一会儿又扎入水中，衔着一条泛着白光的鱼儿，掠出水面。

晨风中，江边传来行船纤夫川江号子的呼号，雄壮、豪放、低沉、凄凉，长江滚滚的波涛拍打着两岸，与川江号子唱和着。

张正权一直伫立在船头，面对着这壮丽的河山，耳听着这悲壮的交响，不由得荡气回肠，无法自已。

傍晚时，木船在万县码头停泊下来。张正权沿着码头的石阶走上来，伸展了一下僵硬的身体。他看着江面，橘红色的晚霞给江面铺上了一道辉煌的毯子。

抬眼望去，群峰也披上了金色的袈裟。他不由得发自内心赞叹："祖国的壮丽山河是多么美的江山万里图啊！"

入夜时，岸边的一盏盏油壶、亮盏将墨绿色的江水映出点点金星。沿岸的摊点上发出阵阵卤面的香味。夜深了，灯火熄了，小贩们的声音也消散了，只有江中一轮清冷的圆月。

张正权大瞪着两眼，没有一丝睡意，第一次要走出国门，心中既有青春的兴奋，也有面对无法预知的忐忑。

第二天，船过三峡，疾如奔马，张正权紧张之余，不由得想起中学时学过的一首李白的诗：

朝辞白帝彩云间，千里江陵一日还。
两岸猿声啼不住，轻舟已过万重山。

经过漫长的航行，张正权抵达了上海码头，他按二哥写下的地址，顺利地找到了李先生，李先生早就为他办好了船票和出国的一切事宜。

两天后，张正权又登上了海轮，驶进了宁静平和、碧蓝无垠的大海中。来到东京，张正权找到了二哥张善孖。

大哥早逝，正权等兄弟们非常敬重二哥。二哥画虎，后来并以画虎名扬天下，有"虎痴"的雅号。

刚到东京之后不久，一天天气晴朗，二哥约他去看富士山，看到山上积雪常年不化，风景秀丽宜人，张正权即兴吟道：

渐有蜻蜓立钓丝，山花红照水迷离。
而今解到江南好，三月春波绿上眉。

走到山下，他看到有七八个人戴着遮阳帽，站在一块块竖起的木板前，看一眼景色，用铅笔在板上画几笔。

张正权奇怪地问："二哥，他们这是干什么？"

"这是写生。东洋和西洋学画的人，最爱用它来提高技法和搜集创作素材。"

张正权带着新奇站在他们身后，那些写生者聚精会神，不一会儿就把蓝天、白云、富士山以及登山的人搬到了画面上。他深深地被这种方法迷住了。

从此，他也学着到公园、郊外去写生，不过他的木板不是斜靠在架上，而是用绳子拉着平放胸前。他也不喜欢用铅笔，就用自己习惯的毛笔来写生。

二哥主张他应该上与绘画有关系的学校。后来张正权来到京都艺术专门学校学习染织。

染织是一种装饰性的织绣工艺，与绘画不同，但在结构、线条等方面和绘画又有相通之处。张正权在学习染织技术的同时，又特别注意学习色彩、构图、装饰等方面的知识。

京都是日本幕府时代的古都，已经有1000多年的悠久历史。这是一座美丽幽静、古色古香的古城，不仅有故宫、平安神宫等古迹，还有琵琶湖、岚山那风景宜人的名胜。

在这座古城里，有很多书画店。张正权最爱去那里面逛，尤其对日本德川时代的浮世绘发生了浓厚的兴趣。浮世绘是一种日本的民间绘画，是江户时代最有特色的绘画，以表现民间习俗、风景人物为主，线条简练，色彩明丽，具有浓郁的日本民俗气息。

浮世绘以其对西方现代美术的推进作用而闻名世界，在西方甚至被作为整个日本绘画的代名词。这种生动、自然的风格给张正权留下了很深的印象。

在张正权眼里，它是那样亲切自然。它常常让这个在外求学的游子，想起家乡的"鞭春"、庙会、武将绣像……

在日本求学期间，张正权以他特有的观察力，一方面从他所学的染织中吸取色泽、构图、装饰等方面的营养；另一方面，从他接触的日本画中，探究日本画的源泉，学习日本画的长处。

在日本3年，张正权画了很多写生画，富士山、岚山、琵琶湖以及一些寺庙，都在他的笔下栩栩如生地表现出来。

他有两个最要好的同学，一个是朝鲜人朴锡印，英语说得很棒，张正权就向他学英语；另一个是日本人山田片夫，张正权就向他学习日语。3年下来，张正权的日语和英语就都学会了，而日语由于日常用得多，要比英语流利些。

有一次在山田片夫家，朴锡印因为说起了英语，引起了山田片夫的不快，因为他父亲不懂英语，所以当朴锡印跟他父亲打招呼时，他只有茫然地看着无法回答。张正权拉了一下朴锡印的衣角，但他竟然没有注意到。

山田片夫听着听着，竟然愤怒地讽刺朴锡印说："亡国奴的舌头最软，你现在学会了英语，也是为了将来当奴才用的。"

朝鲜和中国的台湾在甲午海战之后都被日本侵占了，因此张正权感觉到，这位日本同学的话，不只是对朴锡印，对自己也是一个极大的讽刺。

这突然的场面一下把朴锡印和张正权惊呆了，接下来更多的是震怒。朴锡印当场就泪流满面，哭了起来。

而张正权则在狂怒之下当场就宣布与最要好的日本同学山田片夫绝交："难道同学之间竟然也能这样侮辱吗？我们可不是主子与奴才！"然后用中国话大吼一声："走！"就拉着朴锡印离开了山田片夫的家。

事后他对二哥说："我不能容忍我个人和祖国的尊严受到侮辱！此后走到哪里，我都只说四川家乡话。"

其实当时差两个月就毕业了，但从第二天开始，张正权就坚决不再说一句日本话了，而且始终只穿戴中国式的长衫和鞋帽。为了学习和生活，他马上聘请了一位在中国长大的日本人当翻译。

这件事对张大千的刺激非常大，在张大千的后半生，浪迹海外几十年，他始终保持着民族传统的生活方式和习俗，他自己一直穿中国长袍、布鞋，吃家乡川味饭菜，在家中一律说四川话，他还要求夫人和子女在外面见到中国人也一定要说中国话。

他的居所也都以中国传统建筑为本，如他在巴西的"八德园"、在美国的"环筚庵"、台北的"摩耶精舍"等。

最后的两个月，张正权才真正尝到了"度日如年"的滋味。他越来越思念自己的祖国和家乡。

1919年，张正权完成了他在日本的学业返回祖国。

名师指点技艺大进

1919年，张正权从日本留学回来，居住在上海。这时，他的绘画基本功有了长足的进步，尤其是西洋绘画讲究扎实的造型基础，这使他受益匪浅。但是，张正权依然醉心于中国传统绘画。

刚回到上海时，北洋政府的长江上游总司令吴光新想请张做他的秘书长。凭张正权的才学和留学的资历，如果他此时在仕途发展，极有可能官运亨通。

但是他拒绝了这个诱惑，因为当年袁世凯派人抓二哥的往事和他当土匪"师爷"的经历，使他对军阀、政客和官场有了深刻的认识，他不愿和恶势力勾结在一起，他宁愿走自己的艺术之路。

不久，张正权被上海基督会学聘为绘画老师，他从日本学的印染专业几乎用不上了，而且从此一生也未用过。

不过好在课程不多，每天授课之余，他仍可以认真研习中国画的技法。中国画讲究书画同源，虽然他的书法有了一定的造诣，但他仍然力求更上一层楼。

过了两个月，张正权经人介绍，正式拜上海著名书法家曾熙先生为师。曾熙生于1860年,湖南衡阳人,初字嗣元,更字子缉,晚年号农髯,1903年进士,曾主讲于石鼓书院。

辛亥革命后,曾熙成为寓居上海的清朝遗老之一,在上海卖字为生。曾熙善写隶书、篆书和魏碑等各种字体,为人朴实,交游广泛,在当时上海声望极高。

拜师仪式开始,桌上红烛高照,地下红毡一叠。张正权请曾熙上座,然后屈膝跪下,恭恭敬敬行了三叩首,完成了拜师大礼。

拜师之初,有一天师生二人谈论完书法,又拉起了家常,张正权把自己从小的经历,包括"百日师爷""远渡东洋"等经历说了一遍。

当时张正权还说了他出生时的一段传奇故事。

母亲怀着他时,曾经做过一个奇怪的梦,梦见一位须发皆白的老者,领着一只黑色的小猴来到他们家。母亲见猴子模样伶俐,心里很是喜欢,不由得多看了它几眼。

那老者见状言道:"你既爱它,我便送与你如何?"

母亲高兴地接过小猴,向老者施礼道谢。这时小猴子突然被窗外透进来的月光吓了一跳,一下钻到母亲的怀里。不久,小正权就出生了。

张大千一生爱猿、养猿、画猿,大约也和这个典故有关。张大千曾说过:"猿和猴不一样,猿是君子,猴是小人。猿最有灵性,最有感情。"

张大千曾经养一小猿,很有趣,平时它总是乖乖地坐在桌子一角,见人走过来,就伸臂要人抱,就像小孩子一样,非常可爱。

这时曾熙突然心中一动,对张正权说:"正权,你既拜我为师,我为你取个学名如何?"

张正权高兴地说:"好啊,师傅。"

"既然你有这个故事,而你又浓髯如墨,可能是黑猿转世吧!呵呵,那为师就为你取名为'猨',而你在兄弟中排行在后,可又名'季猨'。如何?"

张正权非常喜欢这个名字,不过后来他觉得"犭"有点不好看,由于"张"字也是左右结构,这样书写起来不太方便,两个字有些发散,于是就去掉"犭"而署名"张爰"了。由于他一生喜欢养猿画猿,在他的画上几乎都署名变了形的"爰"字,它活像一只蜷体拖尾、仰天望月而啼的小猴。

1924年春天,曾熙为张大千鬻书画写了一篇例言,还提到这件事,这篇例言题为《季猨书画例言》,文中曰:

"张猨,字季猨,内江人,生之夕,其母梦黑猿坐膝上,觉而生季,因名猨、字季猨。季性喜佛,故曰大千居士……"

曾老先生告诉他:要学画,必先学书法,书法不精是画不好画的。他严格地教张正权练习书法,先学双钩临摹,后学楷书、魏碑。

张正权少年时曾随二哥、四哥学过书法,各种书体也都有一定功底,但自从拜师之后,他才知道原来只是学了一点皮毛而已,根本还没有登堂入室、得其神妙。

经过一段刻苦学习,他才明白,书法里的学问真可用"书海无涯苦作舟"来形容。在曾熙的指点下,他还懂得了:学书法要取各家之长,最后形成自己的风格。

从此,他晨昏不辍,苦练不止,书法进步可以说是"脱胎换骨",这为他以后成为一个大画家和大书法家奠定了坚实的基础。

受曾老师的影响，张正权这时又开始迷上了京剧。他从小就是个川剧迷，那是受了父母的影响。

这个现象有趣而又普遍，中国的画家、书法家几乎个个都爱戏剧，而中国的戏剧名家也大都喜欢书画。

曾先生说到其中的原因时说："这其实也没有什么神秘的，戏剧的唱腔和书法绘画上的用笔，都在运气，唱腔中的抑扬婉转与书法中的锋转用笔有异曲同工之妙，就是戏剧中的身段、服饰和脸谱等，也都对绘画大有启发。"

张正权的戏看得越多，就对老师这段话体会越深。

有一天，他在老师家里写了一整天的魏碑，到了傍晚，突然想起了今天路过三和戏园时，发现挂出了牌子，今晚是谭少山的《马鞍山》。谭少山外号叫"谭叫天"，此外号因戏迷称赞他嗓音高亢，穿透力极强而得。

这时，张正权坐不住了，悄悄溜出去，在街上买了两个芝麻烧饼，走进了戏园里。

这出戏看得真过瘾。《马鞍山》讲的是钟子期和俞伯牙结为知音，相约一年后再会，想不到一年后在马鞍山上，俞伯牙只见到了钟子期的父亲正给儿子上坟。子期已去，这曲《高山流水》还有谁是知音？于是悲痛欲绝的俞伯牙摔琴报知音。

戏散了，张正权还一直沉浸在剧情的伤感之中，他被深深地打动了，一路走着，情不自禁地哼起钟子期老父亲钟元甫的一段原板：

人老无儿甚惨凄，
似狂风吹散了满天星。
黄梅未落青梅落，

白发人反送黑发人。

　　啊！我的儿啊！

　　他一边唱着，一边将胡子搭在右手上，摇头眯眼，学起动作来，不知不觉就跨进了老师的院门。突然发现，老师屋里的灯还亮着。他脑子里立刻"嗡"的一声，钟老爹的影子不在了，只有髯师严厉的面孔。

　　"季爰，你回来了，到我房里来一下。"

　　听到老师这一声湖南口音，正权的心里更紧张了，心想："完了，这回可能要挨骂了。"只好低着头走进屋内。

　　曾先生问："刚才去听谭叫天的戏啦？"

　　张正权不好意思地低下了头，不敢说是，但又不敢撒谎。

　　他正惶恐间，却听老师接着说："叫天的戏实在好。他善铜锤花脸，尤其是他的唱腔，韵味十足，妙不可言，那拖腔常有一波三折之妙。这就与我们练习书法一样，有神气相通之处。

　　"多听他的戏，品味其中的奥妙，对于提高书法水平很有帮助。这就叫处处留心皆学问。戏曲与书法、绘画同属艺术的范畴，它们有共性的东西，可以相互借鉴，也可互补。唐代书法家张旭，见公孙大娘舞剑器而得其神，从此提高了草书的艺术。"

　　老师这几句话，仿佛在正权的心中开了一扇天窗。

　　老师说得兴起："本来，我今天准备约你们一起去，想不到你一个人先溜了，而且还占了一个好位子。看戏，我不反对，但是，首先要完成自己的学业。而且要乐大家乐，总比一个人乐更乐。古人云：独乐乐不如众乐乐。好了，你去吧！"

　　晚上张正权在床上辗转反侧，脑子里想着先生的话语，不由得茅塞顿开："以前我虽然喜欢戏曲，但只是欣赏，却没有品味其中的奥妙。从此，我要更加细心品味戏曲以及生活中一切与艺术相关的知识，提高自己的书画水平。"

从此他依然经常去看戏，不过经常是与老师一起去，或约几个朋友。他经常说："我是奉旨看戏，名正言顺。"而且也渐渐与许多著名的戏剧艺术家建立了深厚的友谊，如梅兰芳、马连良、程砚秋、俞振飞等，甚至有的成为世交。

突发奇想出家为僧

转眼间，张正权随曾熙老先生练习书法已经半年多了。忽然有好几天，曾先生都没有看到他的人影了，先生就让几个学生去打探一下。

不一会儿，同窗顾莲村匆匆忙忙地跑进了曾老先生的书房，向正在等消息的老师报告："不好了！张爱出家当和尚去了！"

曾熙惊得一下子从椅子上站了起来，花白胡须不停地抖动，他不由得跺脚高叫："什么，季爱竟然出家了?！这成何体统！"

过了一会儿，老先生喃喃道："季爱天分极高，而且学习刻苦，我对他非常钟爱，怎么也想不到他竟然会看破红尘。倘若假以时日，我格外点拨他，他肯定会有个好前程。想不到啊，他辜负了我的一片心意！而且这次不辞而别，莫非其中有什么隐情？"

这时有个同学也插话说："是啊师傅，我看张爱平日尊敬师傅，善待同门，从没有什么失常的表现。他肯定是气坏了才一时冲动。"

曾熙打断了他："气？他气什么？"

"前几天，他收到老家一封信，说是他的未婚妻最近病逝了。"

"那有什么生气的，而且他曾对我说过，未婚妻谢氏是父母之命,两人并没有感情。她去世了,他高兴不说,还生什么气?"

说到这里,老先生忽然心中一动说:"有一天,我发现他那几天老是心神不定的,就问他怎么回事。他说自己也说不清原因,只觉得心里烦躁,就像日本的什么富士山一样,表面平静,而内部却岩浆翻滚。我就劝他,不妨学一下佛门弟子,清心寡欲,淡泊无念。莫非是我反而提醒了他?"

不久,这个谜底就揭开了。

张正权的表姐谢舜华比他大3个月,和他是青梅竹马,两小无猜。母亲见他俩这么投缘,就在他俩10岁时,为他们定了亲。谢舜华一直很体贴表弟,定亲之后尤其关心。

有一天,二哥张善孖叫张正权背书,他因为贪玩,背不出来。在对面屋里的谢舜华,担心张善孖会揍他,就把书上的字写在自己的左手掌上,给张正权提示。可是,没过一会儿,就被张善孖发觉了,人证俱在,张正权和谢舜华一起挨了戒尺。

张善孖打她的理由是:"你还没有跟我弟弟结婚,就和他一起作弊,欺骗人,将来他还做得了好人吗?"

前不久,谢舜华因患干血痨而与世长辞。

这段纯洁的爱情,重重地打击了张正权,他本想回内江老家祭吊,但是又恰逢张勋率领"辫子军"在北京搞宣统复辟的闹剧,全国各地一片讨伐之声,兵荒马乱,张正权也没有回四川。但从那以后,他一想到表姐对自己的感情,就想终身不再结婚了,而且这时正如曾熙所料,他又对佛学产生了兴趣,从而立志要出家。

张正权先到了松江的禅定寺,住持逸琳法师是名重一时的大法师,在佛教界是有名的精通中国古典诗词和理论的大师,于是张正权拜在了他的门下学佛。

逸琳法师为他取法名"大千"。这两个字深有含义。"大千世界"本是佛家名词。释迦牟尼说：同一日月所照的天下称为"小世界"，一千个小世界称为小千世界，一千个小千世界称中千世界，一千个中千世界才称为"大千世界"。这"大千世界"实在是无限大了！

逸琳法师说："我为你取名'大千'，就是让你认识到世界之大无边无涯而且包罗万象，只有胸怀万物、探广究微、锲而不舍、精诚专一，才能探索到大千世界的无穷内涵。"

这个由父母取名的张正权，又名爰、季爰，从此就以法号"大千"为号，别号大千居士。

张大千完全根据佛经的规定，日中一食，树下一宿。当年，佛门中声望最高的是宁波观宗寺的谛闲老法师，张大千特地去拜见，和老法师论道多日。

时间过得真快，不知不觉3个月了。张大千出家前胸中那种烦躁不安、如岩浆沸腾的狂躁心理，渐渐平息消逝了。每天，他都与老法师们一起讨论佛法，探索世间广大无边的奥理。

可是，临到要烧戒时，张大千迟疑了。张大千和老法师辩论："佛教原没有烧戒这个规矩，由印度传入我国初期，也不流行烧戒。这个花样是梁武帝创造的。

"原来，梁武帝信奉佛教后，大赦天下死囚，赦了这些囚犯，又怕他们再犯罪恶，才想出烧戒疤这一套来，以戒代囚。我以为，我信佛，又不是囚犯，何必要烧戒？不烧戒也不违释迦的道理。"

谛闲老法师说："你既在我国，就应遵奉我国佛门的规矩。举例说，信徒如野马，烧戒如笼头，上了笼头的野马，才驯成良驹。"

张大千问："有不需笼头的良驹，难道您老人家就不要吗？"

老法师笑而不语。辩论了一夜，不得要领。第二天要举行剃度大典，张大千心有不甘，便逃出观宗寺，去投奔西湖灵隐寺。

到了西湖边上,要坐渡船才能到岳王墓,渡船钱要4个铜板,张大千一摸口袋,却只有3个铜板了。他本以为船家对出家人可能会客气通融一下,于是就上了船。他对船家说:"我的钱不够,请发发慈悲,渡我过去吧!"

船家大怒:"坐船不给钱,个个和尚都要我慈悲,我岂不是要去喝西北风!"

两人互不相让,争了起来,为了这一个铜板过河钱,年轻的船家扯烂了张大千的僧衣,还破口大骂:"你这个野和尚,坐船不给钱。"并举起船桨向他打来

而张大千毕竟也是血气方刚的青年,而且在学校打过"鬼",当过土匪的"师爷",何时受过这等气,一听船家骂他,一怒之下夺过了船桨,将船家打倒在地。

岸上的人都齐声高叫"野和尚打人了",其间夹杂着船家的"救命"之声。幸好一位同船的老太太从口袋里掏出了一个铜板,船家这才罢休。老太太回头向张大千念了一句"阿弥陀佛",转身走了。

张大千也不敢多待,只好整理一下破烂的僧衣,赶往灵隐寺。

张大千在灵隐寺有个法名叫印湖的和尚朋友,由于两人都是极爽朗热心的人,所以很是投缘。

到禅房安顿好后,张大千将印湖拉到一边,悄悄问道:"灵隐的清规如何?"

印湖回答:"清规当然好的。你问这话什么意思?"

张大千神秘一笑:"我是说能不能偷荤?"

印湖也笑了:"和尚偷荤是免不了的。其实悟道也不在乎吃荤不吃荤,南宋有'虾子和尚';大相国寺有'烧猪院'。在灵隐出家的济癫和尚,吃酒吃肉,临院不容,俱禀帖要驱逐他;那里的住持是你们四川眉山人,别号瞎堂的慧远禅师,手批两行:'法门广

大，岂不容一癫僧耶？'从此就没有人敢说话了。"

张大千大喜："既你引经据典，说和尚喝酒吃荤不妨，那么，酒，我不喝；你得请我吃肉。这一阵我馋得要命。"

"可以，不过在本地不行，山门左右吃食店的房子，都是寺产。方丈交代，谁要卖荤腥给和尚吃，房子马上不租。我请你到城里吃小馆子。但到城里还得先换一换衣服。"

印湖有个在家的好友，是个不拘细节的名士，到得他家，印湖原有俗家衣服存在他那里，张大千的身材与他差不多，借穿也很合身。

这两个人，一个是烧了戒疤的秃头，一个是长发遮项的头陀，让人知道颇有不便，好在这里正值隆冬，他们买了两顶杭州的"猴儿脸"绒帽往头上一戴，就掩饰得天衣无缝了。

在"黄润兴"开罢荤，他们到城隍山去喝茶。张大千是一遇名山胜水便不肯轻易放过的，到了吴山的城隍山一看，既不高，又不秀，更不幽，自然大失所望。但面对三吴，不由得想起了柳永的那首《望海潮》：

  东南形胜，三吴都会，钱塘自古繁华。
  烟柳画桥，风帘翠幕，参差十万人家。
  云树绕堤沙，怒涛卷霜雪，天堑无涯。
  市列珠玑，户盈罗绮，竞豪奢。

印湖听他口中念念有词，不由得问道："你是在念惹动金主完颜亮，想'立马吴山第一峰'的那首词？"

张大千说："是啊！我心里在想，把这首词画成画，应该怎么样布局？'怒涛卷霜雪'要连海宁的潮也画进去才算完整。不过，不知道是哪一年的故事?"

印湖说:"世上无难事,只怕有心人。人贵立志,你要做恽南田第二,你就一定会成为恽南田,甚至胜过他。"

恽南田少时从伯父学画,青少年时期参加过抗清义军,家破人亡,当过俘虏,又被浙闽总督收为义子,返故里后卖画为生。他与王时敏、王鉴、王翚、王原祁、吴历合称为"清六家"。他山水画初学元黄公望、王蒙,深得冷淡幽隽之致。又以没骨法画花卉、禽兽、草虫,自谓承徐崇嗣没骨画法。创作态度严谨,画法不同一般,创造了一种笔法透逸、设色明净、格调清雅的"恽体"花卉画风,而成为一代宗匠。

张大千听了印湖的话很受鼓励,也不由得惊奇地问道:"你说恽南田在杭州做过和尚?不知在哪里,我要去瞻仰遗迹。"

印湖笑了,故意问道:"那你说会在哪里呢?"

看到他脸上古怪的笑容,张大千心思极快一闪:"暮就中灵隐?"

"然也。"

张大千喜不可言:"有这么巧的事!你快讲给我听听是怎么回事。"

印湖答道:"我可不大讲得清楚。但你读过恽南田的《瓯香馆集》吗?"

张大千说:"我家有恽南田诗的抄本,但没有提他做和尚的故事。"

印湖说:"回头我陪你到旗下买一部《瓯香馆集》,另外再找找有什么材料,你回去先看看。明天我把本寺所藏的'志'书借出来让你研究。"

于是两人到旗下专卖旧书的六艺书店买了一部《瓯香馆集》,

翻开来一看，有一篇恽南田的侄孙恽鹤生所纂的《南田先生家传》。又从恽敬的《大云山房集》录出一篇传记，果然，两篇传中都说恽南田十几岁时曾在灵隐出家。

看完这两段记载，看到"沈近思还俗成婚"一节，张大千心里浮起一个极大的疑问，问印湖："有没有沈近思这个人？"

印湖说道："怎么没有？他是学理学的，官拜左都御史，死在雍正初年，不到60岁。"

"那他是不是在灵隐寺做过和尚？"

"做过。雍正还当面问过他，他也承认的。据说晚年一提到石揆养育之恩，总忍不住要哭。这些都有文献可以稽考的。"

张大千这下更奇了："这就奇怪了。照新齐谐所说，恽、沈二人，幼年出家，是在同时，可是恽寿平生在明朝，沈近思雍正初年故世，不到60岁，算起来应该生在康熙初年。两个人的年纪相差至少30岁，这不就不对头了嘛？"

印湖也挠头道："啊！你这一说确成疑问。我去借寺志来，你倒不妨查一查看。"

后来果然如张大千所虑，推翻了袁子才所著书的错误。

在灵隐寺寄住两个月，在张大千的一生中是最重要的。因为从《灵隐寺志》《云林寺志》《云林寺续志》，以及其他佛门的文献中，他发现，那些大德高僧比世俗还要世俗，贪嗔爱痴之心，比世俗还要强烈；攀龙附凤之术，比世俗还要高明。

张大千想到：和尚不能做，不烧戒，永远被看成野和尚。没有钱，和尚也难做。这些和尚，其实除了先师不称先父之外，子侄弟兄叔伯照呼不误。既然如此，做个出家的在家人，还不如做个在家的出家人。

于是他写信给上海的朋友，诉说苦闷。朋友回信，劝他住到上海附近的庙里，可以经常和朋友谈书论画，并表示已为他找好两处庙宇，约好某月某日在上海火车站北站接他，陪他去庙里。

张大千依约到北站下车，东张西望地正想找朋友，忽然被一人抓住，大喝一声："总算把你捉住了！看你还能往哪里跑！"

张大千回头一看，正是他生平最怕的威严的二哥张善孖。

原来，朋友"出卖"了他，用电报通知他的二哥张善孖，从四川赶来，终于把他抓住了。

张大千问："二哥，你怎么来的？"

二哥虎目圆睁："你说呢？"

张大千讪笑着低下了头。

"你自己说，现在怎么办？"

"和尚不当了，也不能当了。既然还了俗，自然就能吃荤。楼外楼的醋熘鱼最好。"

张善孖说："走，上楼！吃完了再上火车回内江。"

于是兄弟俩在酒楼之上大吃了一顿，令张善孖感到安慰的是，八弟丝毫没有看破红尘的萧瑟情状，意气风发，高谈阔论，的确增长了不少见识。

他暗暗摇头："无法想象，他当初怎么会动念头去当和尚的？"

算算张大千做和尚的日子，正好100天。

其实说起来，张大千也许是在用出家这种方法拜师学艺。因为中国艺术长期受佛教的影响，特别是绘画，和佛教有着很深的渊源。过去我国的艺术家、文学家，几乎没有不研究佛学的。

另外，中国画讲究诗、书、画三位一体，一个优秀的中国画家必须懂得和会写诗词，没有这方面的修养，严格说来就不能算一个真正的中国画家。而张大千在出家期间，诗词和文学修养有了很大提高，他自己写的诗词也堪称一家。

重返上海再拜名师

张大千被抓的当天，就由二哥押回了四川内江老家。

刚一到家，张大千就发觉情况不对，家里张灯结彩，贴着大红的喜字，装扮一新，心里疑惑："难道我还俗，家里竟然要这样庆贺吗？"

他正疑惑不解之时，四哥满面笑容地走上前来，一边拱手高呼"恭喜八弟"，一边拉着他的手，带他进到屋里，并为他换上新装，接着手牵连心红绸，同新娘子拜了天地进入洞房。

张大千这时才醒悟："哦，我结婚了！"

新娘名叫曾正蓉，也是内江县城的人，人虽然长得不是很漂亮，但十分贤惠，体贴丈夫。

这一年是1920年，张大千刚满21岁。面对着父母包办订下的姻缘，他虽然心里不乐意，但已经无法抗拒，只好顺从了老父老母的意愿。

新婚3个月后，张大千就离开老家，重返上海。母亲数落他："八儿啊，你才结婚几天就要走，当新郎还没有当和尚的时间长，不怕让人家背后笑掉牙！"

张大千怕母亲伤心,并不解释,毅然离开了。

回到上海,张大千首先到老师曾熙那里请罪。老先生见到自己的爱徒回归,心里很高兴,只说了一句"知过能改,善莫大焉"就算了。

过了一段时间,曾熙老先生对张大千说:"季爱,如果想在书画艺术上有更深造诣,就要多拜名师,博采众家所长,从中领悟艺术的真谛。我的老朋友李瑞清才高八斗,书法精深,不如我引荐你拜他为师。"

李瑞清在清朝末年当过江宁提学使,兼两江师范学堂监督。他在书法方面有很深的造诣,擅长大篆和隶书,在上海书法界中名望并不亚于曾熙。而且他还是我国师范学校绘画课的创始人,他有众多学生,其中就有在1913年任过孙中山侍从秘书的田桓。田桓随李先生学钟鼎文,临《散氏盘》。

李瑞清治学严谨,并依据张大千的书法个性特点,对他进行有针对性的训练,又向他推荐了几本较为适合他风格特征的碑帖。

张大千在良师指点下,"晨晓即磨墨,夜深还挥毫",以魏碑为主,兼收各派所长。这一时期的书法学习,对他后来的事业发展起到了不可估量的作用,使他在书法艺术上有了长足的进步。

尤其使张大千终生仰慕李先生的,在于经过李瑞清的启发,张大千练就了一手举世无双的绝艺。

当时张大千所下的有两种功夫。一种是创造。"七尺乌藤行活计,凭何面目得风流?"要有自己的面目,才能独成一家,张大千在李瑞清的指点之下,终于创出一笔苍劲而飘逸,自成一体的行书。

第二种功夫是临摹,而且常用左手。由于对笔法的深刻了解,任何人的字,他都能在经过周到的分析之后,掌握住运笔用墨的要诀,模仿得惟妙惟肖。学了这一手功夫之后,当时本是好玩,或作为资本炫耀,但后来竟成为一项举世无双的绝艺。

两位老先生不但对书法有很高的造诣,而且绘画修养也很高,张大千在旁边听他们谈论久了,也受到了很多启发。

有一次,曾熙与李瑞清又在一起谈论苏轼对艺术表现的态度。曾熙说:"'横看成岭侧成峰,远近高低各不同。不知庐山真面目,只缘身在此山中。'东坡居士这一不朽的诗句,勾勒出了认识事物的哲理所在。"

李瑞清也说:"其实这首诗也不妨拿来当作形象化的画论,体现了运动与静止、局部与全局、现象与本质之间的辩证关系。"

张大千听到妙处,不由得插话问道:"先生,请问如何在画中把握整体与局部的关系呢?"

李瑞清说:"绘画中,一手一指,一木一石,只有放在整体中去欣赏,去理解,才能体味其中的艺术真谛。南宋画家马远,他画山只画一角,画水仅画一湾,史称'马一角''马半边'。他的名作《寒江独钓图》,只画了江中一叶扁舟,舟上一独老翁,老翁独一钓竿。其余一片空白,仅有几笔微波而已。"

大千回想着《寒江独钓图》的形象,似有所悟,但他又问:"这样会不会显得空白太多了?"

李瑞清捻须而笑:"这才正是马远构图技法中的特色所在,而'味'就在其中。他把中国画中'计白当黑'的手法运用到了化境,那一大片空白,不正有力地烘托出了江面上一种空旷萧瑟、雪飞风寒的意境吗?而这也从侧面刻画出了老翁那淡然而专注的神气,为欣赏者提供了一种广阔无边的遐想空间。"

曾熙接着补充道:"空白在这里恰恰是不可缺少的有机部分,它与扁舟、渔翁和了了微波和谐地组成了一幅完整的艺术构图,如果没有这大片空白,这幅画就失去了'千山鸟飞绝,万径人踪灭。孤舟蓑笠翁,独钓寒江雪'这首诗的特殊气氛。"

两位老师都以擅画文人画见长，这种重视文学修养、讲究神似情韵的画风，对张大千也有很大影响。两位老师都推崇明末清初的大画家石涛和八大山人朱耷。

他们认为，清初以来一直影响到后世的画风的王时敏、王鉴、王原祁等名家山水，虽然技巧很高，但缺乏新意。而石涛与八大山人的画则不然，他们独创一格，极有生气，是我国绘画历史上的一次革新。

张大千受两位老师的影响，开始刻苦地临摹石涛和八大山人的笔墨技法。而在这两人中，李瑞清推崇八大山人，曾熙则喜好石涛，两个老头争得面红耳赤，不可开交，甚至忘掉斯文，口沫飞溅。张大千在好笑之余，也下决心要学好八大山人和石涛的画。

半年之后，他用石涛笔法画的山水树石，用八大山人笔法画的荷花、松竹，就已经到了惟妙惟肖、难辨真假的程度。

有一天，著名的山水画家黄宾虹到李瑞清家观赏石涛真迹。他的鉴赏功力同他的作品一样，在全国也是首屈一指的。这位老前辈一边看，一边连连赞叹，似乎世上除了石涛就没有人能称画家了。

张大千站在一旁，不由得虎劲又上来了，冲口而出："黄老，石涛的画我也能画！"

这句话打断了黄宾虹正欣赏、赞叹的情致，他抬头一看，原来是一个中等身材、20多岁的小青年，如果去掉那络腮胡，就剩一张胖乎乎的娃娃脸。

黄宾虹没有看出他有什么出奇之处，摇摇头说："年轻人，你太狂了，我比你大四五十岁都不敢出此狂言。"说完又低下头欣赏画作，不再理张大千，不一会儿又发出了连声的赞叹。

过了几天，黄宾虹兴冲冲地来到了李瑞清家，一进门就大声嚷道："梅庵公，我今天可捡大漏了，刚才在城隍庙，花钱不多，竟然得了一幅石涛真迹。"说着就拿出画来在画案上展开。

李瑞清和张大千也走到近前观看。李先生正细细观赏,连连点头,张大千却大吃一惊,上前说道:"黄老,这幅不是石涛的真迹,是我临摹的。"

黄宾虹一看又是这个狂妄的年轻人,他气得浑身发抖,嘴唇哆嗦,一时说不出话来。

李瑞清一看,怒喝一声:"季爰,休得无礼!"

张大千一边解释一边走上前来:"先生,这的确是我画的,揭开画的右下角就知道了。"说着他揭开绫边,右下角果然现出一个米粒大小的"爰"字,活像一只顽皮的小猴蹲在那里举头望月。

这一下两位老先生都怔在当场,相对无言。

原来,那天张大千受到黄宾虹的教训,心生不愤。后来一赌气关起门来,两天时间临了几幅石涛画作,他从中挑了两幅最得意之作,把它送到城隍庙的字画店。

没想到,画店师傅经过一番装裱、作旧处理,竟然骗过了偶尔前来逛店的黄宾虹先生,一粗心竟然上了这个"狂妄青年"的当。

当张大千看到黄先生拿来自己的画之后,心想可千万不能把事闹大了,因此急忙上前解释。

黄宾虹得知缘由,不由得连连苦笑,又自责又赞叹,简单说了几句就悻悻地告辞了。

黄宾虹前脚刚走,李瑞清的脸一下沉了下来,严厉地责备张大千:"季爰,你简直胆大妄为,不要以为能照着临两笔,就得意忘形。比起黄老,你始终都是班门弄斧的晚辈。以后一定要以礼待人,虚心苦学,如若不然,吃亏的只有你自己。"

张大千红着脸听老师训斥,然后退了下去。李瑞清却走到画前,细细地品味着他那幅仿作。

九弟出走终生遗恨

1920年底,李瑞清先生去世。张大千帮助料理完恩师的后事,不由得想起了年老的父母,思乡之情不可抑制,就返回了内江老家。

回到家里,张大千发现家里的一些变化。二哥已经做了县知事,三哥在重庆的轮船公司也很红火,家里日子一天比一天好了。三合院已经被粉刷一新,檐上的青草被拔去了,换上了黑油油的新瓦。

母亲又老了些,平常也不去店里了,专门料理家务。父亲已经戒掉了鸦片,身体好得多了,但是却变得爱唠叨了。

但变化最大的还是九弟君绶,他现在已经是十六七岁的小伙子了,白净的面皮,个子比八哥高出了半头。张大千一回来,他就整天跟在后面,八哥作画的时候,他在旁边不时评论几句。

他的评说,往往使张大千惊诧不已,他看着九弟说:"九弟,我看你对画画非常有兴趣,而且很有点才气,为啥不用功画画呢?"

九弟听了,却低下头长叹了一声。

张大千看到小小青年这副模样,不由得来了气:"你年纪轻轻,却去学阿爸那样唉声叹气,你有什么心事?"

九弟委屈地指了指窗外楼下。张大千一看，母亲正和一个姑娘坐在一起，一边晒着太阳一边做针线活，两个人说说笑笑挺亲热。他心里顿时明白了："为了她？"

九弟点点头："她姓蒋，是爹妈为我订的未婚妻，但我不愿意，阿妈非但不听，还把她接到咱家来了。"

张大千想起了早逝的表姐，劝道："这样可以慢慢建立感情嘛！"

九弟委屈得嘴一撇，都快要哭了："我不愿意，我一看到她心里就别扭。无论怎么说我也不要，就是不要！"

张大千默然无语，心想："都到这个年代了，阿妈却还是用老一套来包办。唉，我又何尝不是如此。"

有一天，张大千趁周围没人，就劝起母亲来。不料母亲却伤心地哭了起来："你们怎么不懂当老人的心？我和你阿爸、你二哥、三哥、四哥，再加你，不都是这样过来的？老九被宠坏了，你当哥的不说说他，反来抱怨我。"

张大千一下慌了，赶忙向母亲认错，并安慰了好半天。

张大千不理家事，闲来总会约几个儿时的伙伴到外面走走，城西二里远翔龙山下的资圣寺，是他常去的地方。

中秋节这一天，张大千又来到了资圣寺，与那里的住持果真法师交谈起来。果真在俗家也姓张，对常到寺庙来的这个当过百日和尚的本家兄弟相当看重。他也颇通文墨，两人谈起来非常投机。

这次果真看到张大千，老远就高兴地打招呼："你来得正是时候，我好几天就等你来。近来寒寺准备修整山门，重塑金身，有一块先人书写的石碑，乃是明嘉靖十四年进士、礼部尚书、文渊阁大学士赵贞吉书写的，由于年久，又多遭风雨侵蚀，字迹已经脱落不全了。这次我想劳你大驾。"

张大千明白了几分,随即说:"如有报效佛门之处,但说无妨,大千不敢推辞。"

果真接着说:"赵贞吉字大洲,也是我们内江人。现在我们想重刻石碑,要补他的诗文,那就非内江人不可,想来想去,非先生莫属了。"

虚岁才 23 岁的张大千听了,又惊又喜,略作谦辞,也就答应了。

几天后,张大千写好赵大洲的原文和一副自己写的对联送到了寺内。那副对联是:

与奇石做兄弟,好鸟做朋友;
以白云为藩篱,碧山为屏风。

每个字都足有斗大,魏碑风格的字体,遒劲有力,极见功底。

书法被勒石之后,不少香客看到都很吃惊:"哟,张老八出去几年,本事真大了。平日看他在家闲待着,也不出去做事,原来把字练得这般不得了。"

这件事在内江引起了轰动,此后,在赞叹之余,不仅内江县人,就连邻近几个县的人也都纷纷前来求字画。这个不出去做事的年轻人,在家挣得的润笔费远远超过了整天在外奔波的人。其中他给一位朋友写了这样一副对联:

路曲若之字,
山深无驷尘。

两年多的时间里,张大千就这样在家写字作画。由于妻子曾氏一直没有怀孕生子,按当地风俗,父母又给张大千续配了一房夫人。这位夫人是内江兰木湾一个16岁的姑娘,叫黄凝素。

1923年,二嫂去世已经两年了,二哥在江苏松江府华亭县认识了松江府太学的女儿杨浣青小姐,并准备结婚。张家人都商量起来,父母年纪太大了,只好让四哥去松江代表家人参加二哥的婚礼。九弟也吵着非要去,张大千就替他在旁边说情,于是父母答应四哥带九弟前去松江。

年底的一天,"义为利"百货店准备打烊,张怀忠正在柜台后面清点钱物,突然钻进3个当兵的,手里拿着枪,愣是抢走了两匹绸缎和张怀忠怀里的钱匣。

张怀忠一气之下,在床上躺了两天,整天发呆,一言不发。

张大千就劝他:"阿爸,你不要伤心了,俗话说破财免灾。这几天我忙着给人画画,钱也就挣回来了。要不这样吧,我早就说过,咱们把店子关了吧,四哥来信,他在安徽郎溪置了一些田产,在山上栽了许多树。他还说,那边比四川要安定些,您忙了大半辈子,不如出去享几天清福。而且老九还赖在松江不肯回来,你顺便出去把他揪回来。"

父母点了点头,同意了。就这样,张大千带着父母、妻子踏上了南下的旅途。一家人在松江终于又团聚了。

有一天闲来无事,张大千与二哥张善孖为父母画了一张肖像,善孖画老人像,大千画背景。老人浓眉丰髯,身穿长衫,坐在荷花池边。这是兄弟两人第一次联手作画,当画完细心品味,尽管笔墨娴熟,线条流畅,但都觉得缺少点什么,两人百思不得其解。

后来有一天张大千读到南朝谢赫的《六法论》时,看到"气韵生动"一节,古人今人都在绘画过程中追求形象的内在气质与画面整体的章法布局。他意识到:我与二哥所作的那幅肖像,一是神韵不够,尤其缺乏一个艺术家的个性;二是整体的布局不好,我那一池荷花,满满而溢,构图缺乏疏密与虚实的结合,显得呆板。

于是,张大千体会到了"艺无止境"的含义,他决定再回上海。

这次九弟也闹着要跟他到上海去:"哥哥们都在外面见过大世面,为什么非要把我困在家里?"父母只好答应了。

来到上海,张大千兄弟二人住在马当路西城里16号,一座灰色的二层小洋楼。说来也巧,黄宾虹先生也住在这里,就住在他们楼上。

自从发生上次的"仿石涛风波"之后,黄宾虹就很看重张大千的才华了,而张大千始终如一地对这位书画界的前辈充满敬仰之情。两个人不久就成了忘年好友。

九弟一到上海,就说什么也不回松江了,执意要与八哥一道跟曾熙学书画。张大千拗不过他,只好答应了。

张君绶虽然任性,但却很有天分,书画方面进步极快。张大千相信,只要他好好用功,将来成就肯定在自己之上。

但是,刚到上海几个月,母亲就来信,催他们一道回内江,让张君绶与蒋姑娘成亲。

张君绶的热情一下受到了打击,学习劲头也一落千丈。有一天曾先生问张大千:"你九弟的才气高过你,将来肯定会有出息。但他这几天就好像丢了魂一样,这是怎么回事?"

有道是"家丑不可外扬",张大千含糊其辞,遮掩了过去。

有一天,母亲又来信了,张君绶看了马上脸色就沉了下去,也不与八哥说话,也不给他看信上说了什么,吃晚饭的时候就找不到他了。当时张大千以为他出去散心了,也没在意,就上床睡了。

第二天一早醒来,九弟还没回来,这时张大千才意识到可能出事了,急忙到几个朋友家里去找,但一天都没有找到。

晚上张大千疲惫地回到家里,思索不出这个任性的弟弟到底搞什么名堂。苦闷之际,他到九弟的房间里一搜,果然在枕头下面发现了一封信:

八哥:

　　我去了,不用找我,你们也找不到,就当我死了罢。请转告父母大人,孩子不孝,对不起两位老人家,就当没生我一般。八哥,我的心,你是知道的。

张大千读完信,脑袋"嗡"的一声道:"完了!"不由得眼前发黑,一下瘫在床上,泪流满面地喊道:"九弟呀,你这一去,在外面如何生活?叫我如何向父母交代?"

张大千寻找了很长时间,可人海茫茫,哪有君绶的影子。有人说他上了德国的船,也有人说他去了北京,也有人说他去日本了。

但是,这一切都要瞒过年迈的父母,他只好模仿老九的笔迹,学着九弟的语气,以九弟的名义给父母写信,一会儿说到青岛去了,一会儿说在大连,后来干脆就说到德国留学去了。

一年后,父亲张怀忠去世,母亲也在1936年逝世,但两位老人直到去世都不知道君绶失踪的消息。母亲直到去世前,还常对张大千哀叹:"唉,老九不听话,害了蒋姑娘一辈子。"

张大千每次听到都心如刀绞:"是啊,蒋姑娘把自己的希望和终身都寄托在九弟的身上。但是,我可万万不能做害别人一生的事!"

因此,日后他虽然与曾氏夫人没有太深的感情,但始终以礼相待。

张君绶从此以后杳无音信,成为张大千一生的憾事。

模仿石涛举世无双

张大千再次回到上海的时候,主要的精力仍然放在对石涛作品的研究上。因为这个时候,在上海艺术界兴起了一股石涛热,一些国画家和收藏家,对石涛的书画趋之若鹜。

张大千虽然也痴迷石涛的作品,但他与许多人不同,他不是为了标榜高雅,而是发自内心对石涛的爱。

石涛是清初四僧之一,原名朱若极,号大涤子,广西全州人,明宗室。明亡之时他年龄尚小,后隐蔽为僧。早年屡游安徽敬亭山、黄山,中年住南京,晚年定居扬州。石涛擅长画山水、兰竹、花果、人物,而尤以山水画成就最高。

石涛所画的黄山、庐山、江南水乡、平原风光,都比实际景物更完美。他重视学习传统,虽师法元人笔意,但并非拘泥不化,更注重深入自然,在写生的基础上进行创作。

他的画布局新颖,笔墨千变万化,不拘守一种形体,而是配合多种多样的笔势,根据不同的对象灵活运用,淋漓尽致地加以描绘,表现了山河阳晴阴灭、烟云变幻、寒暑交替的虚虚实实,形成了自己独特的多样化的风格。

石涛画花鸟、兰竹，多用水墨写意法，行笔爽利峻拔，用墨淋漓简练。他的山水、花鸟画对后世影响很大。

同为石涛爱好者的曾熙先生竭尽全力给张大千以帮助。当时市面上已经很少能见到石涛的作品了，他对自己的得意门生说："季爱，要学习石涛就得看大量石涛的真迹，我这里的几幅你都看熟了，买你又力不能及。我看带你到各处走走，去看一看那些收藏人家的真迹吧！"

于是，曾熙就带着张大千，到那些有石涛真迹的地方或人家去，欣赏、品味石涛作品中的真谛。但是张大千随老师去了一次之后，就自己接二连三地去，多次之后，有些人就不高兴了，就把那些作品藏起来，借口被别人借去了，不再给他看。

时间一长，张大千也明白过味来了，他于是再到别人家里，就仔细观摩，将构图手法、笔墨、题款等一一熟记于心，回到家里，马上铺上宣纸，按记忆把它画出来。这种被逼出来的过目不忘的功夫，对于提高他的绘画水平起到了很大的帮助作用。

张大千也觉得自己三番五次地麻烦人家不好意思了，于是他就转而经常去城隍庙游逛。

上海的城隍庙是一个非常热闹的地方，三教九流，五色杂陈，摆摊算命、舞枪弄棒的，各行各业应有尽有。当然也有许多的字画店和旧书摊。有时碰巧了也能买到真货，但大多数时候还是上当买到假的。

有一次，张大千满心高兴地从城隍庙抱着字画回家，从楼上请下黄宾虹先生一起观赏。黄宾虹一看，马上说："季爱，你怎么把赝品买回来了？"

张大千立刻向黄宾虹请教其中的诀窍。

黄宾虹就真心诚意地为他指点："你看，石涛是明末清初人，那时还没有赭石颜料,而这幅画用赭石染山石,不是假的还能是什么?再看用纸,这种纸是清代道光年间才出产的,根本不是明代的纸。也难怪,现在市面上已经买不到明代的纸了。"

真是"听君一席话,胜读十年书",张大千佩服得五体投地,这时才明白李瑞清先生原来训斥自己"班门弄斧"所言非虚。

从此,张大千经常就书画艺术向黄宾虹虚心请教。黄宾虹也毫不保留,将自己所知倾囊相教:

中国画家,要想在艺术上有所造诣,有所创新并自成一体,就必须精于鉴赏。而要达到精通,就必须向古人学习。一个连味道好坏都尝不出来的人,怎么能当厨师呢?

你应该多读一些这方面的书籍。比如汤厚的《古今画鉴》、安岐的《墨缘汇观》,都对我国历代不少名画的用材、题识、印记等做了精辟的评述和注释,不可不读。

在黄宾虹的指教和点化下,再加上博览群书,张大千的鉴赏水平不断提高。他也省吃俭用地收藏一些喜欢的书画精品。

黄宾虹还告诫张大千:"石涛的山水意境新奇,笔墨纵横,变化而有创新;这不仅是技巧问题,古人早就说过,不仅要读万卷书,还要行万里路。"

真是一语道破玄机。确实,石涛就主张画家"在墨海中立定精神,在笔锋下决出生活","借笔墨写天地万物而陶咏乎我也",并注重"法自我立",有自己独创的风格,而且力主"搜尽奇峰打草稿"。

石涛这些主张,对张大千的一生都产生了重大影响。这时张大千不仅学石涛,也学八大山人、渐江、唐伯虎、四王,就像他学书法不仅学魏碑的庄重，也学赵孟的秀丽。

他的两位老师曾熙和李瑞清的书法风格就迥然有异，曾熙号称"北宗"，李瑞清号称"南宗"，但张大千的书法是各取所长合为一家的。

张大千曾言道：

> 临摹、观审名作，不论古今，眼观手临，切忌偏爱；人各有所长，都应该采取，但每人笔触天生有不同的地方，故不可专学一人，又不可单就自己的笔路去追求，要凭理智聪慧来采取名作的精神，又要能转变。

但张大千越学就越感觉到，自己还处在积累阶段，还没有完全进入艺术的殿堂。

张大千对石涛之喜爱真是如醉如痴，每闻哪里有石涛的作品，不计路途远近，必亲身一睹为快，能借者则借，能买者则买，有时身上无钱，典卖衣物，亦在所不惜。正如张善孖所说，张大千为买石涛的画，"甑无米，榻无毡，弗顾也"。

说起来，这里面还有一个故事：有一天，曾熙突然来看张大千。这还是头一回，张大千感到受宠若惊，尽礼接待之后，正想问老师有何垂谕，曾熙却先开口了："我听说你家的厨子肝膏汤做得很好，我今天就在你这里吃中饭，不必费事，做个汤就行了。"

饭后，曾熙问张大千："是不是买画的钱还差800元没有付清？"

张大千不由得局促不安地低下了头说："是。"

"那这样好了。昨天刚好有个晚辈送给你师母1000元做寿礼。你先拿800元去还人家。人家急于要回江西，付清了就不至于误了人家的归期。"

张大千万分感谢恩师，但也从此想到了一个问题："我虽然号称'张水仙'，以画水仙占一绝，但一幅册页不过4块钱，要画多少幅水仙才能换得一幅石涛的画？我的画已得石涛三昧，但只因名气相差太大，所以价钱上不去。"

在这重重感触之下，张大千造石涛假画卖大钱，并不觉得是问心有愧的事了。当然，他是挑"买主"的，要找有钱而好挥霍的人，不但卖得起价，而且取不伤廉。

终于，有一个"大买主"自投罗网了。

20世纪20年代，上海"地皮大王"程霖生是个承袭父辈余荫的纨绔子弟，既花钱慷慨，好出风头，又喜欢附庸风雅。因此跟李瑞清先生有些往来。

有一次，程霖生去李瑞清家，发现壁上挂了一张石涛的画，就认为这是石的精品，不由分说，非要带回去细看不可。其实这张画是张大千的手笔，李瑞清也不及细说，只好让他带走了。

后来，程霖生专程派人带给李瑞清一封信，内附一张700元的银票，言明那张画被其"豪夺"了。李瑞清觉得老大过意不去，另外找了一张值700元的石涛真画让张大千给送了去。

张大千走进程家位于爱文义路的豪宅，见厅堂上挂满的名家字画，大多为赝品。

张大千不但不说破，反而对他的收藏大加赞赏，并说："程二先生，你收的字画，珍品的确很多，可惜不专。如果专收一家，马上就能搞出个名堂来了。"

程霖生怦然心动地问："你看收哪家好？"

"你喜欢石涛，就收石涛好了。他是明朝的宗室，明亡了才出家，人品极高。专收石涛，也配你程二先生的身份。最好把斋名也改题作'石涛堂'。"

"我要收石涛,一定先要弄一幅天下第一的镇堂之宝。你看,我这厅堂这么高敞,假如挂幅几尺高的中堂,岂不好看?!"

"对,对,对!可是石涛的大件很少,石涛的真迹可遇而不可求,慢慢访吧!"

张大千兴辞而归后,物色到一张二丈四尺的明代宣纸,精心仿作成一幅石涛的大中堂,再将其装裱、做旧。

一切妥当后,张大千找了个书画掮客来,叫他去兜揽程霖生的生意,并叮嘱说:"一定要卖5000元,少一文也不行。"

"地皮大王"要觅"天下第一的石涛",这话已经传遍"圈内";登门求售者甚多,但程霖生都认为画的尺寸不够,直到这幅两丈多的大中堂入目,方始中意。程霖生对掮客说:"我不还你的价,5000元就5000元。不过,我要请张大千来看过,他说是真的,我才能买。"随即他派汽车把张大千接来。

哪知张大千一看,脱口说出二字:"假的!"

"假的?"掮客说,"张先生,你倒再仔细看看。"

"不必再看。"张大千指着画批评,哪处山的气势太弱;哪处树林的笔法太嫩,说得头头是道。

"算了,算了!钱无所谓,我程某人不能当冤大头、收假画。"

掮客既懊丧又窝火,不知张为什么要开这种莫名其妙的玩笑,卷起了画,怒气冲冲地赶到张家。

张大千已经回来了,他笑着说:"你不必开口,听我说。你过两天再去看程霖生,就说这幅画张大千买去了。"

掮客愣了一下,旋即恍然大悟。

过了几天,掮客空着手去拜访"地皮大王",做出抱歉而又无可奈何,外加掩饰不住的得意神情。

程霖生看他这副样子，颇为讨厌："你来干什么？"

"没有什么。我不过来告诉程老板，那张石涛的大中堂，张大千买去了。"

"张大千买去了！真的？"

"我何必骗程老板。"

"你卖给他多少钱？"

"4500元。"

程霖生十分恼怒："张大千真不上路！你为什么不拿回来卖给我？"

"我要是拿回来说那画是真的，程老板，你怎么会相信呢？"程霖生语塞，想了一下说："你再想法子去给我弄回来，我加一倍，出9000元买你的画。"

过了几天，掮客来回话说，张大千表示，他并非有意夺人所好，只是一时看走了眼，后来再细看石涛的其他作品，看山跟树原有那种画法，可见确系真迹。但如果在程霖生面前改口，倒好像串通了骗人似的；为了对掮客表示歉意，所以他自己买了。

听了这番解释，程霖生略为消气，但对二丈四尺的石涛山水，向往之心更切："那么，他卖不卖呢？"

"当然卖。"

"要多少？"

"程老板已经出过9000元，您就高抬贵手，再加1000元，凑成整数吧！"掮客接着说，"我没说是程老板要买，我恐怕他会狮子大张口。"

"好，1万就1万。"程霖生悻悻地说，"我的'石涛堂'，大家都可以来，唯独不许他姓张的上门。"

其实张大千亦不必上门：程霖生先后收藏了300多幅石涛的

画,其中有一大半都出自张大千的手笔。

张大千伪造石涛,所以能够无往不利,有一个极重要的原因:他本身即为石涛专家。他先后收藏过石涛的画不下500件,对其研究之深,旁人难出其右。

美国国立佛瑞尔美术馆中国美术部主任傅申在《大千与石涛》一文中说:

> 如果说大千是历来见过和藏过石涛画迹最多的鉴藏专家,绝对不是夸张之词,不要说当世无双,以后也不可能有。因为如此,张大千有资格指他人伪造石涛;而他人无资格指张大千伪造石涛,因为尘世间究石涛真迹有多少,以及前人伪造的石涛又有多少,只有张大千知其约数。

探索奥妙结识名流

张大千日夜不辍研习石涛作品，但他越来越产生了一些疑惑之处。

中国画素来讲究"远山无皴，远水无波，远人无目"，其实这是论述画的透视原理。但张大千惊奇地发现，有一些石涛的作品中，他将远景刻画得清清楚楚、实实在在，但近景反而模糊虚幻。这到底是什么原因呢？这岂不是与古人遗训背道而驰吗？

这一天，张大千与几个朋友出处游玩，顺便写生。同去的后来成为中国著名摄影大师的郎静山带了一架德国相机，他把大家叫到一起说："我想试试这架德国相机，正好给大家合个影吧！"

几天之后，郎静山来到张大千处，面色惭愧地说："可能是那天太着急了，再加上技术不熟练，焦距没有调好，把相照坏了，别人看了都笑话我，没人肯要照片。"

张大千顺手拿起一张来看，照片上的人都模糊不清，但背景中的大树和远山却清楚实在。他看着看着，脸上的笑容突然凝固了。他感觉心里有什么地方被触动了一下，思索了片刻，他突然眼前一亮，又拿起照片仔细看起来。

郎静山懊恼地说:"大千,你不要可以,为什么用这副怪样子讽刺我嘛?"

而张大千却兴奋地叫起来:"不是,你误会了,这些照片很好,我全要了!"

原来,张大千从这些照片中,看到了石涛画中的意境,解开了这些天来在他心头越解越浓的疑团。原来日常生活中存在着这种形式,石涛一点也没有违背生活的原理:"石涛真是高明,这种光学原理他200多年前就运用得这么得心应手。"他对石涛这种深入观察生活的认真态度叹为观止。

这个奇特的发现,更使张大千对石涛佩服万分,他把主要精力放在学习石涛的山水画上。石涛的《苦瓜和尚画语录》成了他案头常看的书。他废寝忘食地研习,甚至有客人来访也从不放下手中的笔,有时半夜突发灵感,就披衣下床,挥毫作画。

黄宾虹对他这种刻苦上进的精神极为赞赏。有一次,他手扶眼镜,握着张大千案上那一尺多厚的习稿,感慨道:"荀子说驽马十驾,功在不舍。你具骐骥之才,又有锲而不舍、专心致志的精神,日后定成大器。"

通过对石涛作品和画论的研究,张大千对这位世称"大江以南为第一"的禅宗画师有了更深刻的理解,那就是"以万物为师",从生活中提炼素材,从大自然中摄取精英。

从此,张大千一生都奉行"外师造化,中得心源"的艺术主张。

数年来,张大千不仅从石涛一个人身上,而且从中华民族五千年的文化宝库中吸取丰富的营养。

张大千模仿石涛的技艺越来越高,不但画得神韵,而且表现手法、构图特点也都极为相似,所以有时他按自己的构思而作,就仿佛石涛生前也必定这样画一般。

而这一时期，由于学画、买画，张大千的手头拮据起来。因为他经常仿制石涛山水画出售，这些画甚至骗过了当时很多专业收藏人士，后来就有些人还专门找上门来请他仿作，其中包括日本和国内的一些知名收藏家。

由于张大千对石涛作品的理解已经到了神似的地步，名声也渐渐地传开了，甚至有人称之为"石涛复生""石涛第二"。当时出版的许多画册中，有些石涛的作品其实出自张大千笔下。

自从曾熙为他起名"季爰"之后，张大千对画猿产生了兴趣，刚开始画的时候，那几只小猿在纸上显得很呆板，缺乏生气。他为此深为苦恼。

有一天，张大千在一本书中看到一幅北宋画家易元吉画的《猿图》，画中数十只猿猴腾跃攀援于山水树丛之间，各具形态，栩栩如生，猿猴那种灵巧顽皮的神态跃然纸上。他兴奋地高价将画册买下，带回家临了数十张。

曾熙有一天来张大千处，看到他临了这么多易元吉的画，就借机为他讲了易元吉的掌故："易元吉为了画好猿的神态，经常到深山中猿经常出没的地方，观察它们的行动神态，还有山石林木等景物特征，并熟记于心。

"有时在山中一待就是几个月甚至半年多。每次创作之前，他先反复将猿在山林中的天性神态琢磨透彻，下笔时如有神助。这就是实地观察、心领神会、胸有成竹的道理。"

后来，张大千就在家中养长臂猿，每天只要有空就细心观察它的习性、动态。后来他画的猿生动活泼，惟妙惟肖。

1924年秋天，张大千参加了二哥张善孖和湖北画家赵半坡创办发起的"秋英会"。

"秋英会"是一个上海文人、画家组成的艺术团体,一年一度进行诗画雅集活动。适当会时,散居各地的会员艺术爱好者们聚集上海,一起赏菊品酒、吃蟹吟诗、题字作画。

这一次,有一位老先生站起来走到张善孖身前说:"虎公,听说乃弟能书善画,且学得苦瓜和尚精髓,何不到此一聚,与大家共赏?"

会员也一致附和。

张善孖这时才意识到,八弟在书画界已经享有一定的名声了。尤其是这次从外省来的书画名流都想一睹他的书画作品,但他知道八弟的个性,没有当场答应,只是说:"既然令公如此抬爱舍弟,只是舍弟生性乖僻,我试试看。"

当天回来之后,张善孖直接到张大千的房间,把大家的意思转达给他,但张大千执意不肯。

张善孖说:"笔会也是一个难得的学习机会,何况里面不乏名家。古人尚且教训集众家之所长,你怎么反而坐井观天呢?"

张大千听二哥说得有理,于是第二次聚会就跟二哥一同来了。刚一走进圆门洞,大家的目光都集中在了张大千身上:只见他中等身材,身穿一件竹色布衫,一缕黑胡须飘垂颔下,双目炯炯有神。

张大千在门边站了站,双手抱拳,与大家一一见礼。然后,找了个地方坐下来,把手中的纸扇"唰"地打开,轻轻地摇了起来。

大家又把目光注视到那把折扇上,尤其是他旁边的一位大约十五六岁的少年,看得更是细心。扇面上是张大千自画的一幅花鸟图,一只浅红羽毛的小鸟正藏在一丛红叶中,鸟的眼睛也如玛瑙一般深红。这大胆的红色暖色调,与他胸前的黑胡须形成显明的对照。

张大千就和这位少年交谈起来。那少年名叫陈巨来,师从赵叔孺学习治印。陈巨来从怀中取出几方印,虚心地向张大千请教。张大千就与他一起讨论起治印的刀法、章法，话越说越投机，从此结为好友。

酒过三巡之后，文人雅士们又开始谈论起诗书画来。

这时，又是那位提议请张大千光临"秋英会"的老者出来说道："大千素有'石涛第二'之美誉，不知今日能否当场一示墨宝？"

张大千也不多推让，只说了一句"那就失敬了，小弟献丑"，然后就把折扇交给二哥，缓步来到画案前。众人齐围拢来看。

张大千先是画了幅墨花鸟，一只翠鸟，栖于一枝荷叶上；然后又画了一幅墨菊图，浓墨染成的墨菊正傲霜斗秋；最后他用工笔画了一幅人物《赏菊图》，一位古装仕人手执酒杯赏菊，脸上那种似愁还喜的神态也淋漓尽致地表现了出来。

张大千还在最后的图幅上题了杜甫的绝句：

每恨陶彭泽，无钱对菊花。

而今九日至，自觉酒须赊。

题完后，张大千放下画笔，抱拳致意："斗胆涂鸦，不自量力，让各位前辈见笑。"

众人看后连连称赞："好画！好画！""集诗书画三绝为一体，妙不可言，真乃白眉之作！"

连一向不苟言笑的二哥在一旁看到这个场面，也不由得欣喜不已。他知道，能够得到"秋英会"这些前辈的赏识，那在艺术圈里就算站稳脚跟了。

果然，经此一会，张大千不仅名声大振，而且还结识了许多新朋友，书法家谢玉岑就是其中一位。

在这次"秋英会"上，张大千结识了当时被誉为"江南才子"

的年轻诗人谢玉岑和郑曼青。谢玉岑出身常州武进的一户书香门第，是位多才多艺的文人画家，诗词、文章、书画样样精通。尤其他的诗词，恻艳清新，颇得时人赞誉。

张大千与谢玉岑相识后，二人很快就成为知己。谢玉岑欣赏张大千的画，张大千敬佩谢玉岑的诗。张大千经常向谢玉岑请教诗词之道，受其影响较大。

20世纪30年代前后，张大千的很多题画诗词均出自谢氏之手。

1934年，张大千赴北平开个人画展，谢玉岑在病中非常想念他，曾为诗云：

半年不见张夫子，
闻卧昆明呼寓公。
湖水湖风行处好，
桃根桃叶逐歌逢。
吓雏真累图南计，
相马还怜代北空。
只恨故人耽药石，
几时韩孟合云龙。

谢玉岑病重时，住在苏州的张大千，每隔一日便往常州一次探望谢玉岑，每次探望都会为谢玉岑作画。两人情谊之深令人感动。

可惜天不假年，1935年，年仅37岁的谢玉岑病逝，大千痛失良友，嗟叹不已。

除了谢玉岑，在这次"秋英会"上，张大千还结识了工笔画家谢雅柳，金石名家方介堪、陈巨来，国画家黄君璧、张伯驹、潘素等。

首次举办个人画展

1924年,张大千已经25岁了。这个时期的中国艺术界,由于受五四运动以来艺术思潮的影响,世界各国的文化交流活动异常活跃。上海接连举办了多次国外画家的画展,张大千在参观、欣赏之余,也有了举办个人画展的想法。

他把想法刚对二哥一说,张善孖就给他泼了冷水:"开办画展谈何容易,不但要有资金,选好场地,更重要的是要有好的作品,搞不好,作品卖不出去,会使自己的名声扫地,落得画虎不成反类犬。"

张善孖太了解八弟了,过了一会儿,他缓了缓口气说:"你还年轻,凡事千万不能急于求成,欲速则不达,再磨炼几年也不迟啊!"

张大千思索着二哥的话,虽然也有些道理,但他心里还是有些不服气。二哥的确看准了张大千,他是个认准了的事情,说做就做的人。他在暗地积极谋划并筹备着自己的画展!

说起来容易,做起来难。一个月下来,张大千画了不下百十张画,可是,到了年底,他把这段时间创作的这些作品,拿出来仔细观赏、挑选时,却发现只有几张自认为能拿得出手,不禁怅然若失。

他又把这些画重新翻看了一遍,细细琢磨,终于发现,他的画中不是这里就是那里,多多少少都留有前人画中的印迹,没有几幅完全是他自己的。他震惊了!

这一天,二哥来到他的房间,看着他的那些画,拍着八弟的肩膀说:"我看你还是出去走走吧,清醒一下头脑。你注意到没有,你的画大多都留有前人的痕迹,缺乏生活的情趣。你应该到大自然中去体验感悟一下。古人云:'笔墨当随时代,脱胎于山川。'"

二哥的话正好说到了张大千的痛处,这也正是他自己刚刚找到的自己画中的问题所在。这时他耳边又响起一位前辈的话:"作画也要讲多读书,但又不可一味关在书斋里,要多出去走走看看。"

张大千回想自己这些年的艺术轨迹,印证着二哥的话,不觉豁然开朗:"是啊,自己正是缺乏生活、缺乏游历,所以头脑中缺乏积累的素材,提起笔来头脑就空了,只能在前人的作品中东拼西凑,无法形成自己的风格。"

问题想通了就好办了。古人说:读书养性,摆脱尘俗,开阔胸襟。第二天,张大千在书房的墙壁上题了一副对联:

结茅因古树;移榻对青山。

他随即就真的"移榻对青山"去了。他从上海坐上火车,一路驶往杭州。

逛西湖、游灵隐,看水望山,烟雨中的农夫、夕照下的古渡、湖光中的宝塔、落日下的江河,都在他心中定格成一幅幅画面。

凄风冷雨敲打着屋前的杨树,黄浦江水泛起层层冷波,张大千又回到上海，这一夜，他坐在案前埋首读书，重新写下一副对联：

立脚莫从流俗走；置身宜与古人争。

他正读的是华琳林的《南宗抉秘》，读完一段，张大千掩卷沉思："书中本有如此多的精辟理论，自己走了极多的弯路，却没有早些体会到这些道理。

"笔墨既要服从对象，又要重视笔墨的形式美，要辩证地看待师古与创新的关系。作画要欲脱俗气，洗浮气，除匠气，第一是读书，第二是多读书，第三是须有系统有选择地读书。"

走了这么多，看了这么多，读了这么多，张大千的头脑越来越充实了，下笔也更有分量了。江河奔流，万木青翠，辉煌庙宇……均成为古今画家取之不竭的源泉，正如古代文学理论家刘勰所说："登山则情满于山，观海则意溢于海。"

经过一年多的不懈努力，1925 年，张大千在 27 岁时，终于在上海的宁波同乡馆举办了他生平的第一次个人画展。这次画展，共展出了张大千的山水、花卉、人物画 100 幅，画展展期为 3 天。

开幕前一晚，张大千辗转难眠，没举办画展的时候踌躇满志，临到头了，反而忐忑不安起来。二哥的警告反复在耳边回响，他无法预料画展最后的结果，他一直大瞪着两眼熬到天亮。

清晨，天空刚刚露出鱼肚白，张大千就来到了展览地。展厅里空无一人，百幅作品悬挂四壁，与他的主人一起沉默着，等待着未知的命运。

8 时 30 分，展厅大门轻轻开启了。由于是第一次办画展，张大千并没有请人为画展的开幕剪彩，他不想过于招摇，是怕与失败的惨状形成鲜明的对比。

半个小时过去了,一个小时过去了,张大千开始焦躁不安起来,偶尔几个人走进来,也都是看了看又走了,没有人开口评论或询问价格。望着街上川流不息的人群,再看看自己门前的冷清,他的心提到了嗓子眼。

突然,门前响起了黄包车的阵阵铃声,这铃声与沿街找生意的不同,显得特别神气,而且明显是直冲展览厅而来。

张大千一撩长袍,快步迎了出去。

原来是"秋英会"的那些老前辈们,他们来看画展了。张大千正迷惑:"并没有请这些前辈们啊!"但不容他细想,赶紧上前抱拳拱手——向他们致礼。

事后他才知道,二哥在离开上海去苏州之前,特意与这些书画界的朋友们打了招呼,请他们多多关照八弟。

张大千抬手把一行人向里请:"让诸位前辈见笑了。"

那位邀请张大千去"秋英会"的老者诚挚地对他说:"贤弟,士别三日,当刮目相看。今天贤弟举办如此盛大的画展,真乃是上海画坛的幸事。"

刚才还空荡荡的展厅顿时人声喧哗。这些画界前辈们,不由得被这个后起之秀的幅幅作品所折服。

那位老先生慢慢走到一幅名为《墨笔仕女图》的画前,细细观赏着。画中一位婀娜多姿的仕女,纤纤玉手轻托香腮,手拿绢花小扇,站在芭蕉树下,双目脉脉含情,朱唇微启似有所语。寥寥数笔,就勾画出一位大家小姐的神情与身段,甚至连她那云鬓下的青丝如缕都清晰可辨。

老先生不由得点头赞叹:"妙哉!妙哉!贤弟,短短时间竟创作出如此精品,真恭喜了。"

接着,他在一张纸条上写上自己的名字,贴在画下,表示他买下了这幅画。

突然，有两位老先生争执起来，张大千赶紧走了过去。

原来，他们争的是一幅无题的山水画小品，他们都想买下这幅画，一时争执不下，面红耳赤，童趣横生。

这幅画构图大胆而新颖，上部是天空、山峦，下部是小溪和枯树，中间横卧着一条小路，给人一种清新自然而层次分明之感。小路消失在山水交汇之处，暗示在那小路尽头，将走向一个更辽阔的世界。

两人一见张大千，都抢先上前表示是自己先看上的。

张大千也没有办法，只好说："这样吧，既然两位如此抬爱小弟，日后我照此再作一幅，构思、尺寸不差分毫，如何？"

一位只好作罢，便私下嘱咐张大千："贤弟，我那幅尺寸要大。放心，润笔从丰。就这么说定了哦！"

第一天就有30多幅作品被人预先订购了。第二天，一批批文人雅士、政客军阀也闻讯赶来。

3天时间，张大千百幅作品全部售出，第一次画展胜利结束。他终于长舒了一口气，但这也让他悟出了一个道理："一个篱笆三个桩，一个好汉三个帮。"

所以日后他要广交天下朋友，不论社会名流、军政要人、文人雅士、戏剧家、歌唱家、裱画师傅、厨师、司机等，都成为他的朋友，对任何人他都以诚相待。

这次画展，也奠定了张大千在画界的地位，更坚定了他毕生献身艺术事业的决心，他从此走上了一个职业艺术家的崎岖而坎坷的道路。

游历黄山开宗立派

1927年5月，张大千收拾行装，第一次游历黄山。

他决定去游黄山，是受了石涛"黄山是我师，我是黄山友"的启发，于是想："要想学好石涛，最好也去游历黄山，以天地为师，在大自然中搜集素材。"

张大千来到安徽南部，抵达壮美雄伟的黄山脚下。明代徐霞客曾言："黄山归来不看岳。"黄山集泰山之雄伟、华山之险峻、衡山之灵云、庐山之飞瀑于一身，被世人誉为"天下第一奇山"。但自清以来，上山的路就逐渐荒凉而艰难曲折。

张大千花钱请了几个当地人，就走上了野草丛生、巨石拦截的小路，走走停停，一天行不了几里路。但他越来越痴迷于"无山不石，无石不松，无松不奇，无奇不有"的黄山。

在过最凶险的鲫鱼背时，中间是一块光秃秃的岩石，两边是万丈深涧，当时有个当地人说："张先生，我先带一根绳子过去，然后你从这边扶着绳子再过，到时要小心，千万别向两边看。"

张大千把胡须一捋，两眼一瞪："嗯！你们不要小看我，不用你们的绳子，我第一个过去。"说着长袍一撩，抬腿就上。

他稳住心神，两眼平视，脚步稳稳地走了过去。山风吹拂，他的胡须飘摆，长衫飞舞，有如神人一般。

张大千以他特有的胆量和意志，在黄山上待了两个多月，观云门，登清凉台，看人字瀑，望莲蕊峰，画了大量的写生。

最美的是在黄山清凉台观日出。这天一大早，张大千就来到了清凉台上。东方的天空渐渐地亮了起来，慢慢衬托出峰峦如斧劈刀削的刚劲轮廓。

越来越明亮的天幕，烘染出远山近峦的层次。橘红色的朝阳躲在云雾里，慢慢地闪现出一道光环，闪闪烁烁，终于跳了出来。朝晖映红了张大千的脸，云腾七彩，朝霞流丹。张大千伸开双臂，要拥抱这朝阳："啊，日出！黄山的日出！"

看过黄山日出的旭日辉煌，他再观黄山云海，那变幻汹涌的云涛使他心潮澎湃；看过奇诡的黄山石和令人心旌摇动的"迎客松"，奇峰怪石、云海旭日都进入了张大千的画稿。

初游黄山，黄山之奇，给了张大千深刻的印象，身处其间，他领悟了画之真谛。他明白画卷里的山水并不等于大自然的奇峰，只有实地观察、深入自然，才会获得创作的源泉和灵感。他觉得，要领略山川灵气，不是说游历到那儿就算完事了，实在是要深入其间，栖息其中，朝夕孕育，体会物情，观察物态，融会贯通，所谓胸中自有丘壑之后，才能绘出传神的画。

后来，张大千有两次重登黄山，他还专门刻了一方印章——"三到黄山绝顶人"。

这个阶段，张大千已经开门立派，招收门徒了。他从黄山回来后对学生说："不到黄山，不亲眼看到黄山云海，谁会相信天地间竟有这样的云海，谁又画得出这样的云海呢？"

他为《黄山云海》这幅画题诗道：

蓬池几回干，桑田几番收。
谁信天地间，竟有山头海。

从这以后将近 10 年的时间，张大千专心致志地研究、创作山水画，他笔下的黄山云海、奇峰、松石，或气势磅礴，或俊逸清新。很多人都称张大千为"黄山画派"。他还与郎静山组织了"黄社"，倡导游黄山，一时入社会员达百余人。

对于别人称他为"黄山画派"，张大千说道：

曾、李二师又以石涛、渐江皆往来于黄山者数十年，所学诸胜，并得兹山性情，因命予往游。
三度裹粮得穷松石之奇诡，烟云之幻变。延誉两师奖誉不已，于时大江南北竟以黄山派呼予。

1929 年，张大千的两幅作品参加了第一届全国美术展览会。张大千继续到名山大川游历、写生，长江、富春江、莫干山、天目山、罗浮山等无处不留下他的足迹。

这一年他进入而立之年。大江南北，人们都称"南张北溥"，是说当时中国两个最有名气的画家张大千、溥心畬。溥心畬是清皇室遗族，善画山水画。

而也有人称"南张北齐"，是指他与善画花鸟的齐白石；甚至还有人称"南张北徐"，那则是指他与徐悲鸿了。就连大作家茅盾在小说《子夜》中，也有关于张大千作品的描述。但无论怎么说，都可见张大千当时的社会影响之大。

这一年，张大千画了一幅自画像，画中，他在苍松下伫立远望。在这幅画中题诗的不仅有他的恩师曾熙，还有当时的名人杨度、陈三立、黄宾虹、谢无量等。徐悲鸿也题了一首诗：

其画若冰雪，其髯独森严。
横笔行天下，奇哉张大千。

张大千一生游历遍及祖国名山大川、奇观美景，可谓见之多矣，但始终觉得黄山第一。

他说："黄山风景，移步换形，变化很多。别的名山都只有四五景可取，黄山前后海数百里方圆，无一步不佳。但黄山之险，亦非他处可及，一失足就有粉身碎骨的可能。"黄山成了他一生画不完的稿本。

同时，此时的张大千也添丁进口，10年时间，黄氏为他生了几个孩子，根据张家字辈，以"心"字命名：心亮，心智，心一，心瑞。

1931年前后，张大千继续在上海、南京、杭州等地举办多场个人画展，并作为中国"唐、宋、元、明中国画展"的代表，再次东渡日本举办画展。这一年，他的恩师曾熙逝世了。恩师的去世，让张大千痛心不已。

也就是在这一年，九一八事变爆发了，日本帝国主义侵占了中国东三省。

有一天，徐悲鸿来到张大千家。徐悲鸿与张大千年岁相仿，尽管他们所走过的艺术道路不尽相同，但是在长期的交往中，建立了深厚的友谊。

徐悲鸿与张大千深夜促膝谈心，徐悲鸿语气激愤地说："自

'九一八'之后,侵略者猖狂,国府无所作为,中国人益发被人瞧不起,中国的国际地位一落千丈。"

张大千一向不过问政治,但他却有强烈的民族意识,这时他手握长髯,脸色严峻。

徐悲鸿接着说:"目睹此情此景,悲鸿痛心疾首,夜不能寐。我常常深思,如何才能使世界各国认识中国,如何让世界各国都知道中华民族是一个具有 5000 多年文明传统的民族,中国是一个有着高度文化的国家?

"最近,我收到法国国立美术馆来函,邀请我筹组一个中国画展,赴法展出。这正是一次宣扬祖国文化,提高中国国威的好机会。因此,我准备请国内名家以最上乘的作品,参加此次展出。此事也须烦张先生扶持。"

张大千一捋胡须,铿锵说道:"大千虽不才,但也是中国人,所需作品,徐先生要多少我画多少。"

当"中国近代绘画展览"在法国巴黎展出后,张大千的一幅《荷花》立即被巴黎波蒙博物馆收藏;另一幅《江南景色》被莫斯科博物馆收藏。

年底,张大千与二哥应著名书法家叶恭绰先生之请,举家迁居苏州网师园。

苏州是一座美丽的古城,以水多、桥多、园林多而著称,素有"东方威尼斯"之誉。网师园原是南宋时代一座私人花园,清乾隆年间扩建成为一座布局精巧、水木清秀的园林。由于张大千的二哥专画老虎,是有名的"虎痴",所以,他们还在网师园养了一只老虎。

张大千也爱画虎,但二哥叫"虎痴",所以,大千决不画虎。不过,后来有一次他醉酒来了雅致,提笔画了一幅《虎啸图》,

二哥看了连连叫好，还为他这幅画题诗。后来这幅画流传出去，人们看到称赞不已，就有人来求他画虎，并愿意高出二哥10倍的价钱。

这时张大千才猛然想起二哥是有名的"虎痴"，觉得自己画《虎啸图》这件事，冒犯了二哥。虽然二哥并没有说什么，但是张大千仍然不能原谅自己。他本来是很爱饮酒的，这次他发了誓：从今以后誓不饮酒，也誓不画虎。果然张大千从此跟饮酒和画虎绝了缘。

辞职离苏定居北平

1933年,张大千在中央大学艺术系主任徐悲鸿及其他朋友的劝说下,担任了南京中央大学艺术系教授,前后一年多时间,每周6小时课,奔波于南京、苏州之间。当时很多学生都以为他是老先生,其实他才34岁。

张大千喜欢闲云野鹤的生活,生性不愿受约束,因此一年不到就不辞而别,离开了月薪300元的教授职务。

因为张大千知道,如果正式走程序写辞职信,肯定不会被批准,所以他思虑再三,灵机一动,给南京的报纸寄了一份声明:

> 大千才疏学浅,教授一职,实难胜任。为免误人子弟,贻患青年,请辞去中大教授一职。另外,上有高堂老母,不宜久离膝下,回川奉亲去也。

辞职之后,他继续与二哥开办"大风堂",招收一些出身贫寒而又有天分的青年人。只要他们看上的,没有钱也照样教画。中国后来的许多著名画家都是张大千"大风堂"的弟子,如胡爽盦、何海霞、田世光、俞致贞、萧建初、晏少翔、钟质夫、陆鸿年、刘力上、吴子京、梁树年、慕凌飞等。

当时苏州城里三教九流,他无所不交,因此有人作了一句顺口溜:"苏州名人哪去了,您往大千家里找。"

有一天,张大千刚刚结束了长江游历归来,一边作画,一边和客人们闲聊着。他天生就是一个喜欢热闹的人,太冷清了受不了。

字画商李先生说着说着突然想起一件事来:"八老师,我差点忘了。我昨天在谈翁家里看到一幅石涛的真迹。"

张大千立刻放下手中的笔,眼睛催促着他说下去。

李先生接着说:"在一位山西商人手上。谈翁知道后就让人请到家里,想找人看看,对的话就买下来。"

张大千急切问道:"画的什么?"

"哦!是一幅6尺中堂,三色绫,扬州裱,上下轴杆紫檀的。那手艺,我自认为所见不少,但未见有超过它的。"

张大千不耐烦了:"我问你画的什么?"

"别急。"李先生故意卖了个关子,"让我想想,画的是一座七巧玲珑的寿石,上面长着三朵灵芝。那灵芝呀……"

后面的话张大千就不听了,因为他从来没见过石涛画过这种象征吉祥长寿的画。他打断了画商李先生的话问道:"谈翁买了没有?"

听说谈翁与山西商人没有谈拢,那山西人要5000元。张大千一把拉着李先生就要去找那山西商人。

到了谈翁那儿,谈翁告诉他:"谈不拢,那个山西商人性子犟得很,说卖5000元都卖得贱了,当夜就离开苏州,嘴里嘟嘟囔囔说可能是去广州了。"

张大千一夜无眠，心里放不下那幅画，第二天一早就留下一句"我如果需要5000元，要马上筹措"的话，急急赶往广州。

抵达广州，暂住在越秀山下一个姓黄的朋友家里，让他帮忙四处打听。等得无聊，两个人就闲谈起来，这时，黄先生才明白了张大千不远千里南下广州的原因。张大千说：

> 大千平生喜爱字画，不惜一切。每当想起已逝的好友谢玉岑，总觉得坐卧不宁。他喜爱我的字画，10日之内收集了百多幅。每当思之，诚惶诚恐，汗不敢出，只有勤于笔砚，以谢吾友。
>
> 大千平生留恋绘事，倾心丹青。古人之迹，能观之的尽量观之，为我所用。我收藏画并非为了束之深阁、炫耀世人，而是为了学习。
>
> 珍爱者，倾家荡产在所不惜；有的看过、临抚过后，留之无用，便贱卖。贵买，是因学习需要，得之有益。平生无积蓄，藏画为了学习，一进一出之间也是为了学习。

晚饭后，出去打听消息的人陆续回来。终于有了山西商人的消息，但却是个坏消息，那幅石涛的画被人指定是赝品，那个山西商人一气之下赶往郑州去了。

张大千坐上火车连夜赶往郑州，住到中原饭店。

这次没有用半天就打听到了那个山西商人的消息，一位裱画师傅告诉他："八老师，俺虽然没和你见过面，但大名却早就听熟了。老板吩咐俺打听那个山西商人的消息。唉！那个山西商人的那幅石涛《寿石灵芝图》是假货，给人点破了，他一气之下撕碎了画，口吐鲜血，人事不省，现在是死是活也不知道了。"

张大千连追三州都没有见到那幅画，心里极不痛快，只得怅然而归。

张大千辞职声明中"回川奉亲去也"并非虚言，辞职之后，他确实因母亲卧病，乘船回乡侍奉了一段时间。然后又赴日本、朝鲜游历，最后，他把目标定在世界闻名的文化名城——北平。

刻苦研究鉴赏技法

1936年，张大千举家迁居北平，住在西城府右街罗贤胡同一所幽静宽敞的四合院里。住下不久，这所院子就不再幽静了，客人来往不绝。有趣的是，这时"南张北齐"终于聚首畅谈了。被称"北齐"的齐白石虽然比张大千大40岁，但两人一见如故，非常投机。

另外，艺术界好友还有溥心畬、梅兰芳、荀慧生、马连良、张伯驹等。张大千过得好不快活。

这一年，上海中华书局印刷出版《张大千画集》，徐悲鸿欣然为该书题序，他在序言中极赞"大千之画美矣"，并称"五百年来一大千"。

同时，张大千第一次自由恋爱，与说书艺人杨宛君喜结连理，可谓多喜临门。

刚刚辞掉教授，又被北平故宫内的"国画研究室"聘请为指导，一月不定期去讲一两次学，指导那些青年人学画。

5月份，母亲曾友贞在故乡病逝，张大千守丧尽孝后，又到上海居住了一段时间。

张大千来到北平后,对于鉴别的"见、识、知"三个层面都有很大的收获。琉璃厂卖的画,分为古人、时贤两种,买古画须请教古玩铺;求时贤的画,则在南纸店有"笔单"可供问询,两者绝不相混。

照古玩铺的说法:"古画十张有十一张靠不住。"

张大千就问:"十张就是十张,何来十一张?"

"大件改小,多出一张,不就是十一张?"

张大千恍然大悟。

古玩铺老板接着说:"而且,古画只要是名家,无不有假,此风自古已然。明朝崇祯年间,上海收藏家张泰阶,集所选古来假画200轴,详细著录。他的画斋名为'宝绘楼',这部书就叫'宝绘录',共20卷;自六朝至元明,无家不备,阎立本、吴道子、王维、李思训,仅在第六、七卷中才有名字。这部书值得一观。"

张大千除了仔细研读《宝绘录》外,还看过一本《装潢志》,专谈装裱字画书籍的款式技巧,这也是鉴别之"知"中的必修课。张大千还在家里养了两名裱工,共同研究装裱工艺。

"裱褙十三科"里讲的都是一张纸,那就是古人所用之纸,历代流传百世的书画之纸。张大千在上海、杭州、四川时也见识过一些纸,但一直到北平之后,这才大开眼界。

北平古称燕京,有许多风雅好古的皇帝,历时千百年的名纸得以保存下来。

张大千自识古纸后,鉴赏能力更是与日俱增。如果一幅无款的古画,单凭布局、笔法、墨法并无确切证据,但可以从纸的年代上去推断它的合理性,有时真伪立辨。

张大千因此十分留意于搜罗年代久远的旧纸,以此来作为比对真迹的根据。

说到墨,其中的学问也大得很。近世都知道徽州出墨,而更为珍贵的是"易水墨",为当时一个姓祖的墨官所造。南唐李超父子,原籍就是易州,以后逃难至徽州传造墨之法,成为徽墨的始祖。

张大千历来主张要用旧墨,他解释说:"墨和纸一样,也要越陈越好。因为古人制墨,烟捣得极细,下胶多寡,仔细斟酌过。现在的墨不但不能胜过前人,反而粗制滥造,胶又重又浊,烟又粗又杂,怎么能用来画画?"

张大千评价鉴定:清朝内府墨,要光绪十五年前所制才是好墨;乾隆墨最妙,因为它是用前朝所制。年久碎裂的墨,加胶重制,又黑又亮,用这样的墨作画,光彩夺目,真有墨分五色之妙。

制墨之道路,首先要捣得细,明朝隆庆年间有名的御墨"石绿饼",捣烟是"大臼深凹三万杵"。但张大千认为这还不够,他说古人有所谓"轻胶五万杵",这5个字才道尽了制墨的奥妙。

张大千引古人"得笔法易,得墨法难;得墨法易,得水法难"来解释水墨并称,水法也就是墨法。后来张大千力求画风突破而创泼墨、泼彩,功夫全在分层次的水法之上。他说道:"最简单也是最重要的,砚池要时时洗涤,不可留宿墨;宿墨胶散,色泽暗败,又多渣滓,画画写字,都不相宜。"

张大千也有一肚子关于毛笔的掌故。

张大千喜欢用上海杨振华的笔,每次定制,必是大中小500支。因为工笔花卉、设色仕女,都非用新笔不可。

张大千除了纸、墨、笔以外,也非常讲究画面的印。他所用的印可分为六大类,各有各的用法,分别是:名号印、别号印、斋馆印、收藏印、纪念印和点缀印。

张大千之精于鉴赏，仍然得力于他的艺术修养，他自己说道：

　　夫鉴赏非易事也。其人于斯事之未深入也，则不知古人甘苦所在，无由识其深；其入之已深，则好尚有所偏至，又无由鉴其全。此其所以难也。
　　盖必习之以周，览之也博，濡之也久；其度弘、其心公、其识精、其气平、其解超，不惑乎前人之说，独探乎斯事之微，犀烛镜悬，庶几其无所遁隐，非易事也。

国家罹难心生愤恨

1937年7月7日，震惊中外的七七事变爆发了，中国人民掀起了八年抗战血腥而悲壮的一页。

此时，张大千正由四川扫墓祭母后到上海，而杨宛君带着几个孩子，还有张大千的部分藏画仍在京城的颐和园。他考虑到留在北平的家人，听从叶恭绰的劝告，急忙赶回北平。

此时此刻，他忧心如焚，恨不能插翅飞回京城。战争爆发，很多交通线被拆断，京沪线的运输紧张异常。张大千辗转托人，终于购得了一张17日前往北平的火车票。19日到达京城，心才稍安。

北平已没有了往日的美丽风韵，大街上行人稀少，大部分商店都关门停业。张大千和夫人、孩子及家人搬回了罗贤胡同的四合院。

7月26日一清早，冀察政务委员会委员长宋哲元自山东乐陵老家赶回后，以为这只是小规模的冲突，可以用处理地方事件的模式来解决。这时，张大千大胆回到颐和园去避暑，过了两天是星期六，张大千又进城听了程砚秋的戏，住到星期一回颐和园。

7月29日，张大千还没进城，日军突然发动大规模攻势，二十九军副军长佟麟阁、一百三十二师师长赵登禹均在此役阵亡。日本占领北平，张大千被困在颐和园内。

8月3日，日本兵把园内所有人都赶到了排云殿前，经过大半天的检查、询问，这才放行。

8月5日，学生何海霞设法把张大千接回城内家里。一位朋友请张大千到春华楼为他设宴压惊。席间张大千气愤地将在回城路上看到日本兵的暴行告诉了大家。

消息传到日军宪兵那里，这一天"请"张大千来到日本宪兵司令部，充满杀气地对他说："请张先生来是调查军纪的事。你说日本兵有抢劫、强奸、杀人的情况，请列举出来，如果调查属实，我们整顿军纪；如果查无此事，你要负责任。"

张大千一直在宪兵队里扣押了一个月才被释放，但这期间报纸上却登出"张大千因侮辱皇军，已被枪毙"的消息，上海的亲朋好友无不悲痛万分。

上海"八一三"事变后，北平的一些汉奸组织了"新民会"，准备给日本人效劳。张大千非常气愤地说："我决不当亡国奴，我一定要南下。"

虽然被释放了，但日本人不准他离开北平。他不再画画，闭门谢客，在家常常无故发脾气。他在书架上乱翻，忽然翻出一首自己的《满江红》：

寒雁来时，负手立、金矢绝壁。四千里，岩岩帝座，况通呼吸。足下江山沤灭幻，眼前岁月鸢飞疾。望浮云，何处是长安，西风急。

悲欢事，中年剧。兴亡感，吾侪切。把茱萸插遍，细倾胸臆。蓟北兵戈添鬼哭，江南儿女教人忆。渐莽然，暮霭上吟裾，龙潭黑。

这正是张大千当时心情的写照。

日本人知道他收藏了很多石涛、八大山人的字画，想让他捐出来，张大千推托"我的收藏都留在了上海"。后来日本人又请他担任北平艺专的校长，被他拒绝了。虽然他在平时不愿涉足官场，也不太谈国家大事，但在中华民族最危急的时刻，立场却非常鲜明。

不久，日军驻北平司令香月派汉奸来劝说张大千与日本人"合作共存共荣"，并许诺：可以任命张大千为故宫博物院院长。张大千一口回绝了。后来香月亲自前来劝说张大千参加伪政权，也被张大千拒绝了。

当时香月问："先生当是会说日语的，为何不说日语？"

张大千说："日久全都忘却了。"

这时，张大千向日本人提出："上海谣传我已被枪毙，我要到上海去澄清。"

日本人虽然忌恨张大千，但也不愿背上残杀艺术大师的恶名，再者上海已被他们占领，于是就同意了。但发给他一个月期限的通行证。张大千离开北平后，曾在诗中言道"坚贞不受暴秦封"，指的就是日伪拉拢他一事。

张大千虎口脱险之后先去了天津，他立即在法租界永安饭店举办了个人画展。此举在于说明我不上贼船，也没有死，并引起轰动。

然后张大千乘船回到了上海，并计划返回四川老家，但由于交通封锁，只好转道香港回四川。在香港与先期出发的家人会合，并等来了他视如性命的24箱珍贵字画。

这期间，正是抗战开始第二年，亿万中国人站了出来，中国共产党发出通电，号召全民族实行抗战，随后又制定了《抗日救国十大纲领》，由红军改编的八路军开赴前线。国民党政府内的有识之士也大声疾呼，要求停止内战，一致抗日。

艺术界人士也不例外，郭沫若先生抛妻别子，由日本回到灾难深重的祖国，并写诗一首：

又当投笔请缨时，别妇抛雏断藕丝。
去国十年馀泪血，登舟三宿见旌旗。
欣将残骨埋诸夏，哭吐精诚赋此诗。
四万万人齐蹈厉，同心同德一戎衣。

成千上万像郭沫若一样的人，都怀着一腔热血投身到全民族的抗战中去。

张大千一路辗转来到桂林，与挚友徐悲鸿在此相聚数日，然后徐悲鸿经广州去新加坡，举办画展宣传抗战，并为灾民募捐筹款；张大千则向南经贵州赶往抗战大后方重庆。

在贵阳时，张大千来到了三哥张丽诚家，三哥惊呆了："啊，八弟，八弟回来了！"

孩子们也惊喜地呼叫："八叔！八叔！"

张大千深情地看了孩子们一眼，却向三哥、三嫂跪下去，泪水哗哗地夺眶而出，强忍着没有哭出声来。三哥上前抱住八弟，泪水也滚滚地滴落下来。

一手把八弟带大的三嫂上前扶起张大千，哽咽着说："好，好，只要人回来就好，我们也……也睡得着觉，吃……吃得下饭了。"

张大千再也忍不住了，在三嫂面前，就如在自己母亲面前一样,他一头扎在三嫂怀里,放声痛哭。

张大千继续前行,在重庆与二哥张善孖重逢,这时张善孖正创作巨幅国画《怒吼吧,中国》,图中没有人物,只有28只威武雄壮的老虎在长啸怒吼,每只老虎都与真虎差不多大,占据了长长的画面。张善孖以28只老虎象征着我国当时的28个省。

此时,全国人民热血沸腾,有钱的出钱,有力的出力,尽心竭力为抗日贡献一己之力。二哥张善孖大力为抗日做宣传,以画虎之笔鼓舞民心士气。

张大千受到了感动,他提议兄弟共同创作一幅画表达抗战报国的心愿。于是兄弟俩借用三国时孙坚讨伐董卓的题材,创作了《双骏图》。张善孖画马,张大千画景物。张善孖在画上题跋。

张大千题了一首慷慨激昂的诗:

汉家合议定,骄马向天嘶。
何日从飞将,联翩塞上肥。

张大千与二哥合作举办画展,又准备了一幅作品,以国民政府赈济委员会的名义,由二哥携往欧洲举办"张善孖、张大千兄弟画展",为抗日战争募集捐款。

其中有一幅《中国怒吼了!》的画,用了整整两大幅素帛。画面上,一只鬃须怒张的巨狮,双目如炬,四只如柱的巨足踏在日本富士山上,长啸怒吼。画上抄录了一首流行全国的抗战歌曲:

中国怒吼了!中国怒吼了!
谁说中华民族懦弱?
请看那抗日烽火,

照耀着整个地球。

中国怒吼了！中国怒吼了！
我们已团结一致，
万众奋起，步伐整齐，
不收复失地不休！

中国怒吼了！中国怒吼了！
"八一三"浴血搏战，
爱国健儿，奋勇直前，
杀得敌人惊破胆！

游历边塞考察敦煌

1938年,张大千返回成都后,住进了号称"天下幽"的青城山上"道家第五洞天"上清宫。

在上清宫住了很长时间之后,张大千临摹宋元名迹,心中的悲愤之情才渐渐平静下来。他与道士们搞好关系,不仅可以随便出入各个道观,遍观壁上的、柜中的文物古迹,而且他上山写生和游玩时,总有道士相陪。

在此期间,张大千在成都举办画展,用收入来试验造纸。

当时安徽宣纸产地泾县被日本侵略者侵占,宣纸来源断绝,市面上宣纸极度缺乏。张大千在夹江研究各种宣纸,最后终于在工匠们的帮助下试验成功了"大风纸"。

徐悲鸿、董寿平、傅抱石各等著名画家试用之后,都称赞纸质很好。张大千就用自己的"大风纸",创作了大批作品,办了一个抗日义卖展。

在青城山一住3年,这3年对张大千很重要,因为无异于和尚坐关,潜修内视,为得道必经的阶段。作为一个艺术家,必须有所吸收,才能有所表现;而吸收后,又必须经过消化、酝酿,反复深思,不断探索,方能有所创造。

张大千的记性、悟性都是第一等,但不论如何,时间是无可代替的,必须经过一定的时间过程,才会到达某一境界。

在北平和上海时,人情应酬常占去了张大千好些时间,艺术的吸收不足,又缺乏足够的时间来消化,作品中就会略显薄与俗。

而在青城山这3年的修炼,单从诗词方面来说,是这段时期的最好。张大千在《青城小居口占》诗中描述他的山居生活:

> 自诩名山足此生,携家犹得住青城。
> 小儿捕蝶知宜画,中妇调琴与辨声。
> 食粟不谋腰脚健,酿梨长令肺肝清。
> 歇来百事都堪慰,待挽天河洗甲兵。

从他的作品可以看出,这3年张大千读了不少史书。张大千坐在高台山第一峰头,面对大面山的那座亭子中,心里所想的,除了画以外,更无他念。在这样一个可能终日不见行人的幽深之处,正所谓"朝晖夕阴,气象万千",张大千目摹心追,胸中不知有多少未画出来的山。这些胸中之山,后来都成了他泼墨、泼彩的题材。

有一次,张大千还行离家出走的"壮举"。一天下午,张大千还没回家,等到日落时仍然没有一点音信。因为往常他在山上游览,一般是清晨或上午,断没有从下午到黄昏还不回家的。

三位太太都急得不得了,来同张大千的朋友易君左商量。易君左由于四川省政府疏散,上青城山与张大千做了半年邻居。

易君左先安慰她们不要着急,可能张大千在路上偶遇僧道,聊着聊着就晚了。

但是一直等到二更天时,张大千仍然消息皆无。这一下易君左也不由得担心起来,于是,两家男女老少连同上清宫的道士们一同去探寻张大千的下落。

大家找了一个通宵,几十条火把照得满山通红,青色的树木都变成了紫色,依然不见张大千踪影。幸好当时正是初夏,夜寒不重,人人抖擞精神,翻山越岭,攀壑入洞,涉涧跨溪,披云拂露,一直到天色大亮。

谢天谢地,在山腰的一座小峰的洞内,张大千正像张天师一样,闭目冥坐,就如面壁9年的达摩祖师,眼观鼻、鼻观心,正在那儿修行着呢!

大家欣喜地把他拉到三位太太面前。张大千睁开眼睛一看,不慌不忙地说:"你们干什么大惊小怪的?"

后来张大千说,这次家庭风波,缘于三个太太联合起来对付他,黄凝素竟然拿起桌上的铜尺作武器,不小心打到了张大千的手上。因此张大千"冲冠一怒为红颜",拂袖而去。

1940年秋,张大千决定去遥远的西北,前往敦煌临摹石窟的壁画。

早在上海的时候,张大千就见到有敦煌石窟流落出来的珍品,他感觉,那种艺术上的天工造化之美是他从未领教过的。后来他也试画过仿敦煌壁画笔法的天女散花图,但他心中一直渴望着能亲自去敦煌,探索艺术的奥秘。他相信,如果亲临其境去临摹,天下无双的敦煌莫高窟壁画一定会对他的人物画有所启迪。

张大千初步计划是由成都到广元,游览该地著名的千佛岩,欣赏精美绝伦的石刻,然后赴兰州,转道敦煌。于是先携全家去成都,中途回到了内江老家。儿时的回忆与眼前的凄凉景象,使张大千无比辛酸,没过多长时间,他们就离开内江去了成都。

这时,抗日战争正打得如火如荼,张大千出售了部分珍藏的字画,筹集去敦煌的经费。

恰在此时,张大千心爱的儿子张心亮不幸死于肺病。他当时正在外布置画展,不由得泪湿衣襟,长时间陷入痛苦之中。但为了追求艺术上的更高境界,他下定决心,一定要到敦煌去,而且一定用自己卖画的钱。

于是他再次举办个人画展,用售画收入采购了大量笔墨、画布、颜料和生活用品,带上另一个儿子张心智同去敦煌。

汽车走走停停,这天傍晚在广元歇了下来。

第二天一早,张大千与夫人黄凝素、儿子心智步行4000来到千佛岩。

一到那里,张大千就连连摇头,长叹道:"可惜,太可惜了!"

原来千佛岩建在嘉陵江东岸,高50米,长约300余米,在陡崖上,有摩岩造像17000多具,但由于几年前修建川陕公路,造像被炸毁了一半以上,仅剩7000多个。

一连几天,张大千都泡在这些毫无生命却又栩栩如生的石像中。

看了千佛岩,更想去看天山的麦积山了。

但在这时,一个突然传来的噩耗使张大千不得不改变了计划:二哥张善孖病逝于重庆歌乐山宽仁医院。

张善孖这次出国宣传抗日,历时近两年,举办画展达百余次,回国之后,不顾劳累和医生劝阻,继续奔波筹备赈灾画展和东北难民义卖画展,不幸积劳成疾,回国仅半个月后突然昏迷不醒,于1940年10月20日去世,年59岁。

人们对张善孖的去世都非常悲痛,当时报纸记载:

国人与先生,不论识与不识,噩耗传来,孰不伤恸!

张大千更是痛不欲生,星夜兼程赶回重庆,为二哥料理后事。父母先后去世,九弟生死不知,现在二哥又离开人世,张大千痛心之余,万念俱灰。

事后,他怀揣着二哥临终前写下的"勇猛精进"4个字再次返回青城山,过了好长时间,心中的悲恸才渐渐平静。1941年3月,张大千再次踏上西行敦煌之路。

这次,除了妻子、儿子心智外,还有侄子心德、学生刘力上等人。他们从成都出发,途经兰州,坐汽车一个月后才进入戈壁滩边缘的西安,又换乘骆驼继续前进,三天三夜才走完最后50公里。

敦煌位于甘肃省的最西部,古称三危,《尚书》记载:舜流放共工于此。"四夷"中的"西戎",相传即是共工的子孙,世世代代,保有其地。

自古以来,敦煌就是沙漠中的一块绿洲,是中国通往西域及中亚细亚的交通要道。西面是玉门关,与新疆接壤;西南是阳关;东南10公里有座山,三峰峻绝,因名三危山,据说就是共工当年的住处。

早在汉代,敦煌就成为陆地交通的枢纽,南北朝时期,前秦苻坚为开发西域,并把它作为征服西域的前沿阵地,移民至此,并开始兴建莫高窟。

1500多年前东晋时期,有个法名乐僔的游历和尚,路过敦煌鸣沙山下,正是夕阳西下、晚霞满天之时,三危山上突然射出万道金光,山上的奇岩怪石也仿佛变成了千尊佛像,乐僔惊异之余,伏地膜拜，并发下宏愿，要在石壁上凿洞供佛。于是他奔走募捐，终于在鸣沙山上修建成第一个洞窟群。

后来经各朝各代修建，形成了后来大小1000多个石窟，也称"千佛洞"。石窟自南向北沿峭壁排列，有的地方上下4层，绵延两千米，大的石窟就像一座大礼堂，而小的仅容一人。其中蕴藏着中国古代最珍贵的文化遗产。

由于连绵战乱，昔日繁华的敦煌逐步衰落了。

1900年，道士王圆箓偶然发现了藏经洞，内藏经卷甚多，包括汉文、藏文、印度文和阗文、回纥文及龟兹文。但这道士只知是古物而不知其珍贵，随意送人。

于是许多外国人听到消息，都赶来了，敦煌石窟许多价值连城的历史文物，包括书籍、画卷、经卷、地志、小说、医书等，多数被法国人、俄国人、日本人、匈牙利人或偷或抢或低价买走。只有壁画及彩塑因无法运走，遗留在洞窟之中，但也遭到少数损坏。

从敦煌石窟的壁画及彩塑中，可以清楚地看到中国几千年来艺术演变的过程，补充了历史文献中没有记载的内容，价值是无法估量的。

3月8日，张大千到达莫高窟，在高大的白杨与垂柳掩映之中，层层叠叠的洞窟发出神秘的色彩。张大千没有休息就提上马灯入洞探视，看罢惊叹不止。金碧辉煌的壁画与琳琅满目的彩塑，比他想象中的还要精美。

早年那个法国人伯希和在盗窃文物的同时，还对石窟进行了编号，不过他编号的目的是为了方便他记住盗窃的进程。

张大千这次除了修路开道之外，也对石窟进行了编号，不过他与伯希和的顺序正好相反，伯希和是由北向南，张大千却是从南到北。他这是根据历代工匠开凿石窟的顺序来编的，符合石窟壁画的历史创作年代。

在4个月的时间里,张大千从南向北、由底层到上层,为莫高窟不厌其烦地作了科学而系统的编号。他和助手们都是用毛笔在壁上竖写编号,总计309号。

同时,张大千建议政府在石窟南北两面筑墙,禁止牲畜进入,并严禁过往行人在洞中取火做饭,以使壁画能长久地保存下来。

张大千此举,为保护敦煌石窟这一艺术宝库做出了卓越贡献,也为后来国际上一大社会学科研究"敦煌学"奠定了最基本的基础。凡是中外研究敦煌学的学者都知道"张氏编号"。

完成这些工作之后,由于生活补给不足,吃不好,睡不好,另外更严重的是要提防土匪的袭击,于是他们返回兰州。

回到兰州后,张大千召来自己的学生,并亲自到青海塔尔寺请派5名画师,再次进入敦煌。

面壁三年终成大器

再次进入敦煌之后，张大千就开始了长达3年的临摹壁画的工作。其实他为敦煌石窟做编号，也是为观摩这些壁画做准备工作，以免临摹起来杂乱无章。

这次，他除了邀请老友中央大学教授谢稚柳同去敦煌外，还写信叫来了在北平的学生肖建初。

张大千对大家说："大家都到齐了。从去年以来，我们主要是为莫高窟编号，考订壁画年代，熟悉各洞情况。这次主要任务就是临摹壁画。我和你们谢老师商量了一下，看来大家对洞内的情况都已经比较熟悉了，我们现在开始着手临摹复原工作。"

看到学生们一脸跃跃欲试的神态，张大千又严肃地说："不能高兴得太早，熟悉了，不一定把握得住。有的壁画时代虽近，但造型、设色却有区别，你们一定要注意。"

说着他带大家走进第151号窟内，指着一幅供养女像说："就拿这幅画来说吧，这是一幅晚唐之作，人物体形健美，线条流畅，设色多变，算得上是莫高窟内的极品。但是，她与晋魏的侍女像有什么区别呢？各个朝代的壁画又各具什么特点呢？"

随后,张大千逐一给学生们详细讲解了各朝各代在作画时的风格以及技法上的特点。

张大千不仅进行临摹工作,他还计划要对壁画进行复原和补齐残缺的部分,还要分类比较,确定壁画创作的年代,考订各个不同朝代的衣饰习俗、画派和源流。因此要使大家有所了解。

等到进入洞窟之后,大家才知道这项工作的艰巨性。这里不是宽敞的画室,有的洞窟低矮狭窄,要半躺着身子才行;而有的画是刻在特别高的地方的,要爬上特制的高凳才能看清;有时候,需要拿着手电筒,反复地观摩许久才能画上一笔。在空气窒闷的洞内,待久了会头昏脑涨;而到外面透气,又被耀眼的阳光照得金星乱冒。

他们废寝忘食,克服重重困难,清晨即起,带着干粮入洞工作,直到晚上才拖着疲惫的身子回来,有时甚至晚上还要加班。往床上一躺,头痛、手痛、腰也痛,再也不想动一下了。

张大千不仅自己要画,还要管理大家,人家累了就休息了,而他还必须计划明天的事。后来他回忆说:"朝夕浸沐其中,已至忘我之境,当时也不觉得辛苦,也浑忘了人间时日。"

有一次他问:"今年,今年是什么年?"

有学生回答:"1942年了。"

张大千只含糊地"哦"了一声。

为了排解心中的寂寞,他号召大家休息时就读一读古人的经典。于是在昏暗的灯光陪伴下,在大西北肃杀的夜风中,响起了诵读荀子《劝学》之声:

  君子博学而日参省乎己,则知明而行无过矣。故不登高山,不知天之高也;不临深溪,不知地之厚也;不闻先王之遗言，不知学问之大也。

3个月过去了，张大千却还不想结束，他越来越觉得这里是用之不尽的宝库。他对那些由线条、色彩和画面组成的各种天神、金刚、梵女、菩萨、高僧的形象赞叹不已。他已经临摹了20多幅唐代壁画人物，寄回成都办了一个"西行记游画展"。画展一开幕，就在成都轰动了。

张大千计划要用更长的时间继续探讨石窟艺术的奥妙，苦苦修炼，以使自己的艺术达到炉火纯青的境界。他记起《庄子》中的两句话："褚小者不可以怀大，绠短者不可以汲深。"于是下定决心，既来了敦煌，不搞出名堂决不回头！

夏天炎热得似火烤，从心里透不过气来；冬天漫天黄沙，冰封雪冻。水土不服，生活困难，这些张大千都不怕。有一次他们还险遭土匪抢掠，幸亏躲避及时，才免遭不测。

张大千临摹之苦也是常人难以想象的。比如他在临摹第20号窟的《供养人罗庭环夫妇像》时，因为原画早已残缺不全，模糊不清，他不仅要临摹，还要在画纸上进行复原，历时竟达两个月之久。

张大千除在洞窟里昏暗的光线下临摹外，回到住室后还进行背摹，因为他已经对敦煌壁画到了烂熟于心的境界。

在考察壁画时，张大千突然发现，在一幅残破的宋代壁画下隐藏着唐代壁画。原来早时的工匠们常常会在以前的壁画上重绘壁画。

这一重大发现，震惊了考古界和美术界。

张大千与谢稚柳反复商量后，决定剥掉那层败壁，重现内层壁画的旧观，还原原来壁画的真面目。

剥落前，他俩共同将上层壁画照原样临摹下来。然后剥掉了那幅宋代败壁，下面露出了一幅敷彩艳丽、行笔敦厚的唐朝壁画，画上还有唐咸通七年的题字。

当时已到花甲之年的中国最负盛名的书法家沈尹默老先生得知此事后,高度赞扬张大千、谢稚柳等人的功绩。他专门给张、谢二人写了一封信,张大千打开看时,展现在眼前的是沈老用那无可挑剔的漂亮书法写的一首诗:

> 左对莫高窟,右倚三危山。
> 万林叶黄落,老鸦高飞翻。
> 象外意无尽,古洞精灵蟠。
> 面壁复面壁,不离祖师禅。
> 既启三唐室,更阖六朝关。
> 张谢各运思,顾阎纷笔端。
> 一纸倘寄我,定识非人间。
> 言此心已驰,留滞何时还?

沈老诗中问"留滞何时还",张大千和学生们一直"面壁"两年零七个月才"还"。他们共临摹了 276 幅画。

1944 年夏末,离开敦煌的时刻终于到来了,这时正是牧草旺、牛羊肥的季节。张大千回过头来,目光温柔地看着身后:夕阳、三危山、小溪、晚风中清脆作响的铁马铃。看着这一切,他不由得感慨万千,一首七绝油然而生:

> 摩挲洞窟记循行,散尽天花佛有情。
> 晏坐小桥听流水,乱山回首夕阳明。

3 月至 5 月,"张大千敦煌壁画展"连续在重庆三牌坊官地庙展出。著名画家徐悲鸿、黄君璧，著名诗人柳亚子，著名作家叶圣陶，著名书法家沈尹默、吴玉如等一大批艺术家、文学家、学者都纷纷前往观看，推崇备至。

在展会上，柳亚子挥毫题写了"云海归来"4个大字。而沈尹默则再次写下七绝一首：

三年面壁信堂堂，万里归来鬓带霜。
薏苡明珠谁管得，且安笔砚写敦煌。

随后，肖建初携画前往西安展出，再次引起轰动。不久，张大千将他临摹的敦煌壁画精选了一部分，出版了《张大千临摹敦煌壁画展览特集》《敦煌临摹白描画》等画册。

表面上，这276幅画就是他"面壁"3年的收获，但真正的收获却是难以估量的，这就是敦煌壁画在艺术方面的价值。

张大千说：

敦煌壁画是集东方美术之大成，代表着北魏至元代一千多年来我们中国美术的发展史，换言之，也可以说是佛教文明的最高峰。

我们的敦煌壁画，早于欧洲文艺复兴约有一千年，而现在发现尚属相当完整，这也可以说是人类文化的奇迹。

在去敦煌以前，张大千常听人说，中国文化多受西方影响。但从敦煌回来之后，他就认为这种观点并不确切。他说："敦煌壁画所绘的人物，可以作为考证历史的依据。"

人们从张大千的作品中，更加了解了这位坚忍不拔的艺术家，

高度评价他在敦煌的艺术实践。著名学者陈寅恪先生就说:

> 敦煌学,今日文化学术研究之主流也。大千先生临摹北朝唐五代之壁画,介绍于世人,使得窥见此宝之一斑,其成绩固已超出以前研究的范围。
>
> 何况其天才特具,虽是临摹之本,兼有创造之功,实能于吾民族艺术上开辟一新境界。其为敦煌学领域中不配之盛事,更无论矣。

张大千在敦煌的艺术活动产生了很大的影响,当时国民政府监察院院长于右任听说后,曾专程到敦煌视察,并建议教育部门专门设机构整理发掘。后来行政院通过决议,设立国立敦煌艺术研究所筹委会,张大千为8名筹委之一。

随后,画家常书鸿领导艺术委员会和敦煌研究所对石窟进行了研究和整理工作。

同时,敦煌之行也是张大千艺术道路上的一个里程碑,他的画风由此发生巨变,山水画由以前的清新淡泊变为宏大广阔,画中大面积运用积墨、破墨、积色的手法,喜用复笔重色,把水墨和青绿融为一体,丰厚浓重。

同时,他更注意将线条色彩并重的技巧与作品的意境相结合。与此同时,他的人物画的创作也达到了顶峰,人物勾勒纵逸,个性突出;尤其是仕女画,由早年的清丽雅逸,变为行笔敦厚,富丽堂皇,人物的衣裙用笔就吸取了唐宋壁画的各种技法。

自此,张大千成为了画界的一代宗师。

抗战胜利考察西康

1945年,中国人民经过8年的浴血奋战,终于取得了抗日战争的胜利,全国人民喜气洋洋地欢庆胜利。大街小巷到处都传遍了狂喜的呼喊声:

"哦,哦!胜利了!"

"胜利了!我们胜利了!"

"日本鬼子投降了!"

鞭炮声、锣鼓声响彻全城。

张大千在收音机里听到这一天大喜讯,不由得欣喜若狂,仰天长笑:"哈哈!终于打败了倭寇,还我河山。"

张府上下都兴高采烈地准备酒席:"八老师今天要开戒了!"

两瓶泸州老窖摆上了大圆桌,香味四溢的川菜升腾着热气。

张大千身穿过生日时那件紫缎团花长袍,内衬雪白的绸衬衣,特别精神。他高兴地举起酒杯说:"好,今天破例,我陪大家喝三杯酒。大家可以喝个痛快。"

欢庆之余,张大千画了巨幅作品《西园雅集》和《大荷花》,并赋诗一首表达自己的衷心喜悦之情:

> 夫喜收京杜老狂，笑嗤胡虏漫披猖。
> 眼前不忍池头水，看洗红妆解佩裳。

"不忍池"在日本东京，张大千在诗中借助它表达了对日本侵略者的蔑视。

1946年10月，张大千携带着自己创作和临摹的作品，先后到北平、上海展览，都大获成功。应观众请求，画展不得不一再延长展出日期，前后竟长达一个多月。上海各界对张大千面目一新的画卷极为赞美。画界还广为流传这样两句诗：

> 欲向诗中寻李白，先从画里识张爰。

从此张大千被誉为"画中李白"。

不久，应法国巴黎博物馆的邀请，张大千赴法国举办画展，旋即又参加联合国文教组织在巴黎现代馆的展出，又被请到伦敦、日内瓦、布拉格等地展出，均获得极高的评价。

回到北平，张大千又收了一个徒弟，这个徒弟就是后来成为著名园林建筑专家的陈从周。北平淳厚的人情、浓郁的书香以及深邃的文化都使他眷恋不已，于是，他决定以重金买下一所前清的"王府"。

但是，后来在琉璃厂，则意外遇到了罕见的三幅古人名迹：五代南唐画家董源的《江堤晚景图》、南唐顾闳中的《韩熙载夜宴图》和五代宋初画家巨然的《江山晚景》。

张大千只好忍痛放弃了"王府"，购下这三幅古画。他对朋友和学生们说："房子和古画既然不能兼得，经过数度考虑，终将古画买下。因为那所大'王府'不一定立刻有主顾，而《韩熙载夜宴图》却可能一纵即逝，永不再返。"

张大千得到这三幅珍品后非常高兴，真是爱不释手，甚至晚上都要开灯观赏几次。不仅如此，而且从那以后，不论走到哪里都随身携带这三幅画，寸步不离，并自刻一方图章"东南西北只有相随无别离"印在画卷上。

1947年夏，张大千感觉身体已经恢复了往日的健康，于是又决定出去旅游写生，开阔眼界。这次他没有去烟雨江南，而仍然向比较贫穷落后、偏僻荒凉的大西方西康省。

西康省历来被称为"蛮荒之地"，山高寒冷，气候多变，道路崎岖，甚至不通公路。外人至此多数都水土不服。而且，当地都是少数民族，一直不满于国民党的统治，排外情绪高涨，部族械斗时有发生，土匪横行无忌，治安状况在全国最差。

原来，张大千在敦煌时，对壁画中的《吐蕃选普图》《回鹘王供养图》《西域商队行旅图》以及描绘各族王子的壁画产生了浓厚兴趣，并决心将来要了解这些民族历史变迁、衣冠服饰、风俗习惯以及宗教乐舞、文化美术等。

因此，他不顾许多朋友的劝阻，毅然决定前往西康考察。因为这时他有个有利条件，他的朋友四川军阀刘文辉正兼任西康省省长。

张大千同几个朋友，轻装简行动身了，第一先到了雅安。在那里，大家游览了金凤寺和高颐阙。

高颐阙是东汉时益州刺史高颐和弟弟高实的墓和阙。墓前成双成对的石羊石马虽已风化剥蚀，但可想见当年的宏盛规模。张大千久久观摩碑上的书法和石刻，在回雅安的途中即兴作诗《雅安》以记之：

朝登金凤山，夕攀高颐口。
雅雨与黎风，郁此山水窟。

回到城里，他又吟《飞仙关》一首：

孤峰绝青天，断崖横漏阁。
六时常是雨，闻有飞仙度。

一出雅安城往西，路途变得崎岖坎坷，开始沿着一条羊肠小路盘旋而行。来到著名的二郎山，就不能再坐滑竿了，必须骑马翻山。

二郎山终年积雪，海拔3000多米，寒风凛冽。当地民歌唱道：

提起二郎山，岩鹰不敢翻。
再下三尺雪，高可齐苍天。

张大千却连呼"快哉"，历尽艰险骑马上山后，山两边呈现出两种不同的景象：东坡，云海、浓雾、绿色森林；西坡，枯草、朗日、晴空万里。大家稍松一口气，张大千的《二郎山》诗也完成了：

横绝二郎山，高与碧天齐。
虎豹窥间阗，猿猱让路蹊。

来到大渡河，13根铁索横越河上，木板搭成的桥面在急流上微微晃荡。桥头石碑上刻着"泸定桥边万重山，高峰入云万里长"。

张大千被横截崇山、巨浪惊天的奇景所征服，感受到了与"天下幽"的青城、"云海共朝阳"的峨眉截然不同的风光，冲击心灵的是一种原始粗犷的莽苍、强劲、荒凉之美。他写道：

铁索高千尺，虚舟渺一叶。
天风冲白浪，愕使不敢涉。

他们随着向导通司，沿着大渡河北上，路途更加艰难，有时甚至还要下马拽着马尾巴爬山。大家踏着没膝深的枯叶，拨开古藤树枝，有的腿上被磨掉了皮，有的眼角被树枝划破，傍晚时分，他们才筋疲力尽地在野外宿营。有人揶揄张大千说："大千，怎么没有作诗的兴趣了？"

张大千照着天边的霞光，慢慢吟道：

马头耀旭日，鞭影乱彩霞。
天孙云锦衣，绚然绝壁挂。

抵达瓦寺沟，离康定城就只有几里路了，大家的心情逐渐变得开朗了。离瓦寺沟还有两三里，就听到了瀑布的轰鸣声，张大千催马向前跑去。

一进沟，大家都被眼前绝壁对峙、飞瀑凌空的自然风光惊呆了，那清新的空气，让大家都张开大嘴贪婪地吸着。这里简直就是一个绝美的世外桃源。大家正在赞叹不已时，张大千又在吟诵了：

河晚客心悸，殷殷众壑号。
灵胥谁激怒？移得海门潮！

大家赞道:"大千,你诗才真是敏捷。能不能再作一首古律?"
张大千毫不推辞,又作了一首《瓦寺沟》:

银河忽如瓠子决,泻向人间沃春热。
跳珠委佩未足拟,碾破月轮成琼屑。
老夫足迹半天下,北游溟渤西西夏。
南北东西无此奇,目悸心惊敢书写。
四方当动蛟龙吼,万里西行一只手。
山神历泣海澜翻,十六巨鳌载山走。

众人齐声喝彩!

很快,大家来到了康定城。接下来几天,张大千在几个朋友的陪同下,从他下榻的刘文辉在康定南门的公馆开始,游览了康定全城,经过了号称"双寺云林"的城南南无寺、金刚寺,游览了城南10公里的御林宫,观看了农历五月十三的跑马会。

在游览完康定城后,张大千还曾涉足关外,广泛饱览了西康的山水风光、民情风俗,终于如愿以偿地细致观察了这个地区少数民族的生活状况。

游览期间,他不仅吟诗,还写生作画。这在当地引起了极大的反响,一时间,康定城里几乎到处都在传说着这位美髯飘飘的艺术家的新闻。

这年秋天,张大千回到成都,结束了他4个多月的西康之游。

不久,张大千的12首诗以《西康游屐》为题在报纸上发表。这是张大千首次在报上发表如此之多的组诗。他还从数百幅写生画中选出一部分在成都举办了"西康写生画展"。

画展一展出,立即给人以耳目一新的感觉,因为这些画不仅有

《御林宫雪山》《二郎山》《多功峡铁索桥》《沙坪独木桥》《五色瀑》《两河口瀑布》《瓦寺沟》《飞仙关》《格桑花》等风光写生,也有《跳锅庄》《金刚寺番僧》等表现民俗风情的人物画,再配以自己写的题画诗,将长期被人们忽视的祖国壮美山河的一部分展现在世人面前。

成都画展结束后,张大千又赴上海举办了西康写生画展,同样引起巨大反响。大家都对张大千深入西康写生的精神表示钦佩。李秋君还为年底即将出版的《西康游屐》画册题写了封面。

张大千的这次西康之行,全程数千里,历时近5个月,经过聚居着藏族、彝族、羌族、回族等兄弟民族的广阔地区,沿途经历无数艰险。

但是,他不畏艰险,深入不毛之地,终于为自己的作品又增添了一批风格、内容不同的新作,并成为中国专业画家深入西康费时最长、游历最广的第一人。

荷花出水画赠润之

　　有一天，张大千来到了挚友徐悲鸿处。早在8月，中国美术学院迁往北平，徐悲鸿仍然是院长，并兼艺专校长。

　　见到张大千后，徐悲鸿非常高兴，对他说："你来得正好，这次学院能顺利迁址，多亏了北平行辕主任李宗仁先生，我正无以为谢甚感过意不去。这回就有劳你了。"

　　张大千慷慨应允："没问题，悲鸿，你说吧，画什么好？"

　　徐悲鸿说："那就画你赖以成名的绝技荷花。"

　　张大千来到画案前，对着那张六尺宣纸，略一审视，然后提起大笔，饱蘸浓墨，潇洒挥毫，片刻工夫就完成了一幅《荷花图》，把笔一放说道："悲鸿，你看怎么样？不行的话我重画。"

　　徐悲鸿与夫人廖静文一齐赞道："很好，非常好！"

　　张大千坐下喝茶，以为没事了。但徐悲鸿却没有放过他："大千，这次我要请你做北平艺专名誉教授。你忙就不给你安排课了，但一个学期要给学校寄两张画。这次你可不要推辞了！"说到最后一句，徐悲鸿的语气已经不容回绝。

　　张大千也严肃起来，他一向钦佩徐悲鸿热心中国美术教育的行动和精神,也明白他多次请自己出来,并不是为自己,而完全是为了学生们,于是慨然应允:"蒙你看得起,我不敢推辞。"

说完,两人四手相握,相视而笑。

9月,张大千与徐悲鸿、谢稚柳、黄养辉以及张大千带的新娶的四夫人徐雯波一起同游香山。在白松亭上,他们共同观赏了漫山遍野、殷红如火的红叶。

几天后他们回到城里,下榻于王府井大街的北京饭店。当晚,黄养辉在饭店的楼上为张大千写速写画像。黄养辉曾经为郭沫若、何香凝、齐白石、李济深、陈叔通、梅兰芳、周信芳、黄君璧、傅作义等人画过像。

10月,张大千正在北平颐和园登万寿山,漫步长廊,泛舟昆明湖。而此时,中国人民解放军东北野战军经过31小时激战,攻克锦州,辽沈战役告捷。

11月初,张大千乘飞机返回四川,这时,淮海战役的序幕已经慢慢拉开了。

1948年12月,筹备已久的"张大千画展"在香港举行。张大千带着夫人徐雯波去了香港。张大千夫妇在香港迎来1949年新年。

1月底,内地传来北平和平解放的消息。当他听到古都完好、未受战火破坏时,欣喜不已,佩服中国共产党的高明决策。

1949年3月初的一天,国民党元老廖仲恺的遗孀何香凝老人来到张大千寓所拜访。张大千听到通报,赶忙掸掸长袍,疾步走出画室迎接何香凝。

张大千与何香凝早在20年代初就已经相识。那时,他参加了由何香凝、柳亚子、于右任、经亨颐等人组织的"岁寒三友社"。从那时起,他就一直很敬仰何香凝的人格,并视其为前辈。

两人寒暄落座已毕,何香凝试探着说:"张先生,这次来是想请你画幅画送给朋友,可以吗?"

张大千谦逊地答应道:"当然可以,但不知是送给谁啊?"

何香凝说:"现在,在香港的进步人士都受到了邀请,将陆续北上,到北平去参加新中国成立的各项工作,此去我想送给毛润之先生一份见面礼。"

一听是送给毛泽东主席,张大千眼前一亮,不由得"哦"了一声。他慌忙离席一揖,忙道:"您就是大画家,却青睐大千,实在有愧。恭敬莫如从命。何况润之先生素为我所敬仰,正无由表达,只怕拙作有污法眼。"当下言定,三天后即交卷。

一幅《荷花图》如约交卷。画为纸本水墨淡彩,高132厘米,宽64.7厘米。画面茂荷两叶,白莲一朵掩映于荷影中,给人一种生机盎然、万象一新的印象。全画构图饱满而疏密有致,浓淡有韵,为大千无数荷花画中上乘之作。在图之左上方,是张大千的一行工工整整的题词:

润之先生法家雅正。己丑二月,大千张爰。

这些题词显示了作者对受赠方的高度敬意。

过了几天,恰好是"三八国际妇女节",何香凝带着女儿廖梦醒再度到张大千寓所拜访表示感谢。何香凝回赠了张大千一幅亲笔画的《梅菊图》。这也是一幅大画,并赋诗一首,由女儿廖梦醒书写:

先开早具冲天志,后放犹存傲雪心。
独向天涯寻画本,不知人世几升沉。

不久，何香凝离香港秘密北上，专程去北平参加中国人民政治协商会议筹备大会。她到达北平后，即代张大千将此画转赠给了毛泽东。

当时，毛泽东收到张大千赠的这幅《荷花图》后，很是高兴，连忙托何香凝向张大千代致谢意和问候。据说，毛泽东极为欣赏这幅《荷花图》，曾将之挂在书房里面，经常品赏。

这幅珍贵的作品，现藏于中南海毛泽东故居，后收入人民美术出版社出版的《毛泽东故居藏书画家赠品集》。

不久，画展结束后，张大千到澳门一个朋友家逗留了一段时间。当他带着自己花重金从东南亚买来的一对长臂白猿兴冲冲返回成都时，已经是1949年春夏之交了。

此时内江发生洪灾，张大千在郁闷中度过了几个月时间。

秋天，中国人民解放军开始向华南、西南进军，四川也处于风雨飘摇之中。这时，徐悲鸿来信请张大千到和平解放的北平去，参加新中国的美术工作。

张大千却犹豫起来。因为在此期间，国民党撤离大陆，不但卷走了巨额的财物，而且也软硬兼施地带走了各行各业的专家、学者。

张大千当然也在此列，有人千方百计想让他离开大陆，国民党的一些达官贵人络绎不绝地踏进张家的门槛，三寸之舌鼓噪起来，言语中尽是诬蔑人民政府之词。

有的人说："共产党不懂艺术，不要文化，都是大老粗、土包子。"

有的人又说："你这样的人共产党决不用，到时会遭到迫害。"

其中，真正有说服力的，是国民党军政要员张群。由于他与张大千多年来一直感情甚笃，知道张大千有很浓厚的乡土观念和宗族观念，直接提出让他去台湾肯定会拒绝的。

　　过了几天，张群再次来游说，这次并不劝张大千去台湾，而是从书画和乡土、宗族方面说服他："兄弟，一笔写不出两个'张'字，哥哥决不会坑你。你想想……你不接到了印度大吉岭大学的邀请吗？可以去印度住住，考察阿旃陀石窟与敦煌石窟的异同。不习惯可以再回来嘛。"

　　最后，张大千决定采取张群的建议去印度。因为有人认为敦煌壁画是佛教艺术，敦煌壁画就是印度艺术传入中国的。张大千一直不这么认为，坚持敦煌壁画是中国历代艺术家融会贯通后的杰作，是中国人自己的艺术。他早就有去印度实地考察、研究的想法，这次正好可以借此解开这个千古谜团。

　　子女与学生们都劝说张大千不要出国，但张群派人送来了三张机票，并允许多带近100千克的行李。当时飞机票是极难买到的，张大千非常感激张群的情意，终于决定出国。

　　就这样，张大千带着夫人徐雯波、孙子大阿乌一道，先到了台湾。在台湾居住了一段时间之后，于1949年的最后一天，他谢绝了任何人要他在台湾定居的要求，飞离台湾，前往印度，开始了长期漂泊异域的生活。

印度考察苦中作乐

1950年初，52岁的张大千到印度的大吉岭大学讲学。临走前，他曾对家人和学生说："少则一年半载，多则二三年，我一定会回来。"

初到新德里，张大千就举办了"张大千画展"，并游览了风景名胜和菩提伽耶等六大佛教圣地。他曾写诗描绘印度的异国风光：

一水停泓静不流，微风起处浪悠悠。
故乡二月春如景，可许桃林一睡牛。

不久，张大千就到印度西南部阿旃陀石窟观摩，考察壁画及文物古迹。

阿旃陀石窟位于印度德干高原文达雅山，是佛教著名的石窟群。在历史上，它是唐朝玄奘法师西游天竺所经之地，建于公元前一二世纪，在此后长达700多年的时间里又不断增修。

但时空轮转，岁月沧桑，阿旃陀石窟现存世的仅有29个洞窟，规模远远小于敦煌莫高窟。

张大千终于来到这个使他想了七八年之久的地方，把一切的烦恼和不快都抛在脑后，他又像当年在莫高窟一样，全身心地投入进去。

经过3个多月的临摹、研究，他终于使早年的画界论争有了明确的答案：

它的透视是单方面的，而我们六朝时代在敦煌留下来的绘画透视法，是从四面八方下笔的。从服饰上看，敦煌壁画之佛经故事，所绘佛降生传中的印度帝王后妃，亦着中国衣衫，画中的宝塔也是重檐式的中国塔。

再者，从绘画技法到绘画工具，二者都有明显的不同，更不用说壁画人物的风格、线条等。当然，二者也有相同之处。

留于印度阿旃陀3个月，研讨与敦煌壁画异同，颇为有得，就石窟这种建筑形式而言，起源于印度，这种建筑形式随丝绸之路带往东方。

莫高窟的修建是佛教传入中国的产物，它无疑借用了佛教故事，但在许多方面又表现了我国历朝历代人民的生活。

好多人都说敦煌壁画是佛教艺术，尤其是佛教人物画的最高表现，因而就有人认为敦煌壁画是印度艺术的传入。我则认为不然，佛教固由印度传入，但敦煌的艺术，却是我们历代艺术家融会贯通后的伟构，中国人自己的艺术，绝不是模仿来的。

张大千对石窟艺术的考察，带动了我国许多敦煌学学者在新中国成立前后的辛勤劳动和严密考证工作。

　　1951年4月7日，周恩来指示要对敦煌艺术予以发掘，使其获得新生。张大千在大陆的家属分两批将其留在大陆的全部临摹壁画共200多幅捐献给了国家。

　　敦煌艺术研究所所长常书鸿睹物思人，动情地说："张大千先生豪情灵气，一生重情义，我们都爱惠于他。"

　　大吉岭大学位于印度北部风景区，山峰高耸入云，山峦幽壑，地势高寒，清新宜人。张大千漫游到此，一下就喜欢上了这个地方，决定暂居此地，看山看云，吟风赏月。

　　东方的天空逐渐明亮了，将近山近峦的雄姿展现。世界第三高峰干城章嘉峰雄踞群峰之上，整个世界变得巍峨壮观。

　　可能由于昨天去看维多利亚瀑布走累了，徐雯波还在睡梦之中。而张大千却已经在阳台上打了一趟太极拳，收势后，精神为之一爽，他转身走进作为画室的房间。

　　一会儿工夫，他在一幅《松荫鸣琴图》中题诗：

　　　　解道无声胜有声，寄情将意一泉明。
　　　　怀人坐负三更梦，得汝松梢缺月生。

　　随后，他又完成了一幅水墨山水。然后想在上面题些什么，"大吉岭的确不错，可惜没有……"他在画上写道：

　　　　大吉岭山势磅礴，兼有吾蜀青城峨眉之胜，惜无飞流、奔泉以付之。此仅有之瀑布矣，人呼之曰维多利亚瀑布，高才八十尺。

但是，这时的张大千却被一件事困扰着，那就是他往常最不愿提及的钱。

从前，张大千从不为钱发愁。"佳士姓名常挂口，平生饥寒不关心"，这是张大千最喜欢的对子。"千金散尽还复来"，他觉得，自己的一双手、一支画笔就是钱。

可是现在却不同了，他寓居印度，在这里，虽然他办画展、讲学、卖画也挣了不少，但张大千是来如流水、去如奔泉，不久就两手空空了。然而此处不比国内，用钱的地方太多了：吃饭穿衣、请保姆、夫人美容、饲养印度猿，一切都离不开钱。

而此时夫人分娩在即，那又需要一笔无法预料的开支。万般无奈之下，张大千决定：卖掉部分带到国外的古代名贵字画。这件事还必须瞒着夫人，以免她心情不好受刺激。

于是，张大千悄悄向香港的老友、字画商高岭梅写了一封信，谈了自己的难处，请他帮忙。

信发出之后，他整日苦中作乐，寄情笔墨纸张之间，吟诗作画，并写了一首自嘲诗：

穷年兀兀有霜髭，癖画浮书老复痴。
一事自嗤还自喜，断炊未废苦吟诗。

徐雯波起床后，来到张大千的画室，注意到了丈夫心事重重的样子，就问道："你有什么心事吗？"

张大千赶忙掩饰道："没有。你起来了，你看，那山多美。"

信已经寄出去一个月了，按理说，现在也该有回音了。

但是，当张大千收到高岭梅的回信后，心里一下百味交集。

自大陆政权更迭,众多文物随隐居香港之"寓公"一道,充斥香港字画市场,价格自此一蹶不振。时下卖画无异火中取栗。况卖画容易收画难,何不咬紧牙关渡过难关。我已信嘱印度分公司老友曾济华,请代为筹划,当无问题助君渡过难关。

张大千不由得长吁一口气:"这真是'山重水复疑无路,柳暗花明又一村'啊!"

钱终于有了着落,张大千与徐雯波夫妇到处观景写生,偶尔在百货商店侧巷发现了一个卖画册的地摊,那里面有关于阿旃陀石窟的画册,比不久前张大千在新德里买的还要精美。

在印度大吉岭住了一年多,虽然张大千的身体、精神都极佳,绘画功力也正值巅峰状态。但他一颗心却始终梦系家乡:青城山的晨雾、川江的烟云、老家屋后墙根的虫鸣,无时无刻不在他的脑海里涌现。他曾作诗云:

夺眼惊秋早,熊熊满树翻。
坐花苏病客,溅血泣屏魂。
绛帐笙歌隔,朱楼燕寝温。
青城在万里,飘梦接云根。

他怀念国内的亲朋好友,怀念与好友欢聚的无比快乐,更思念对他关心备至的红粉知己李秋君。这期间,他为李秋君作"怀祖韩兄妹"诗一首:

消渴文园一病身,偶思饕餮辄生嗔。

> 君家兄妹天同远，从此浑无戒劝人。

虽然身在海外，张大千却一直非常重视来自故乡和祖国的音讯，他与四哥张文修一直保持着通信联系。每逢接到四哥的来信，他就会涕泪湿襟。

从大吉岭可以远眺雄伟的喜马拉雅山，这更增添了他心中那抹不去的乡愁。他手执家书，含泪写下几首怀乡之诗：

> 泣露飘窗堕月疏，鸣蛩回梦四更初。
> 家书压枕啼号满，客鬓摇灯病废余。

> 浓绿雄髯尚嫩寒，春来何处强为欢。
> 故乡无数佳山水，写为阿谁着意看。

> 故山猿鹤苦相猜，甘作江湖一废材。
> 亭上黄茅吹已尽，饱风饱雨未归来。

1950年深秋，张大千夫妇离开大吉岭去香港，在香港举办了个人画展。这时徐雯波生下一个儿子，为纪念在印度的这段岁月，张大千为儿子取名心印。

当时，昆曲大师俞振飞正暂住在香港，张大千为老朋友的生日画了一幅精致的石涛笔法的山水横幅。随后，俞夫人黄蔓耕女士正式拜张大千为师。

1951年初，张大千再返大吉岭，居住了8个多月，于夏末离开了印度。

张大千在大吉岭前后一年的时间里，也是他一生中创作最勤奋的阶段之一。他临摹印度壁画，创作了大量的作品，包括印度、尼泊尔的风光；也同时创作了许多怀念故乡山水的画作。在创作这些画作的同时，怀着对故乡的思念，他还创作了200多首诗词，这些诗词多为怀乡之作。

张大千自己总结说："在大吉岭时期，是我画多、诗多，工作精神也最旺盛的阶段。我畜有印度猿猴，当时最佳，绘的也多精细工笔。"

移居南美定居巴西

1951年9月,张大千带全家赶往南美洲。

促使张大千下定决心离开印度的,还有一个突发的事件。1950年秋冬之际,大吉岭一带发生了一次地震,地动山摇,一块重达两吨的巨石从山上滚落下来,差一点就砸到了他居住的那所房子。这使张大千意识到,大吉岭乃危险之地,不可久留。

而他选择南美,有几个理由,张大千对此解释道:

远去异国,一来可以避免不必要的应酬烦嚣,能于寂寞之颖,经营深思,多作几幅可以传世的画;再者,我可以将中国画介绍到西方。

中国画的深奥,西方人极不易了解,而近年来偶有中国画的展览,多嫌浮浅,并不能给外国人留下深刻的印象,更谈不上震惊西方人的观感!

中国的历史名迹,书画墨宝,近几十年来流传海外者甚多,我若能因便访求,虽不一定能合浦珠还,至少我也可以看看,以收观摩之效。且南美地广人稀,一切尚在待开发阶段，受到现代文明的污染最少。

张大千在赴南美之前，做出了一件令许多人大惑不解的事。他将自己视为大风堂藏画镇室之宝的《韩熙载夜宴图》《潇湘图》《武夷山放棹图》三幅古迹出售。而其中《韩熙载夜宴图》这幅价值连城的珍品仅卖 20000 美元。

了解他的人不解甚至震惊，张大千无论在多么困难的时候，也没有卖掉自己心爱的藏画，这次出于何意呢？

张大千离开香港之后，国家社会文化事业管理局局长郑振铎专程从北京来到香港，从张大千好友手里购得了这三幅传世之宝。这时人们似有所悟。

直到 32 年后的 1983 年，张大千逝世一个月后，《瞭望》上的一篇文章揭开了这个谜底：

20 世纪 50 年代，大千先生先后把他珍藏的古画卖给国内，现在珍藏在北京故宫博物院。

这时真相终于大白，张大千以一种特有的方式将这三幅名画献给祖国，表现了一腔爱国之情。

张大千去南美途中路过日本，稍作停留，随后到达阿根廷。但就在此时，侄儿张心德却因病突然逝世，这对张大千是很大的打击。

张心德原是四哥张文修之子，因二哥张善孖无后，张大千将他与自己的儿子张心一过继给了二哥。张心德在子侄辈中最受八叔器重，他一直随张大千学画，在敦煌是八叔的重要助手。张大千认为他在后一辈中是最有绘画天才的，将来必成大器。

自二哥过世之后,张大千发誓永远照顾二哥的遗孤,因此更格外钟爱心德,视如亲生。孰料刚刚踏上南美,心德由于风寒诱发了原来的肺病,竟一病不起,不多久就病逝在这块陌生的土地上!

心德的死是张大千继二哥逝世后受到的又一沉重打击。他只觉五内俱焚,黯然神伤。这也是他以后长期滞留南美的重要原因。

1952年,一行人暂居阿根廷首都布宜诺斯艾利斯,租了一处带有大花园的住宅,张大千取名"呢燕楼"。

这里环境优美,风景秀丽。张大千心情渐安,心绪渐佳,他写诗道:

且喜移家深复深,长松拂日柳垂荫。
四时山色青家画,三叠泉声淡入琴。
客至正当新酿熟,花开笑倩老妻簪。
近来稚子还多事,黯绿篇章笑苦吟。

张大千由于不了解阿根廷的民俗风情,所以抱着观望的态度,因此把自己视为春来秋去的燕子,并没有在阿根廷长住的打算。

在这里,张大千举办了来到南美后的第一次画展。这位中国绘画大师的到达,轰动了整个阿根廷。阿根廷各大报纸电台纷纷报道,大街小巷也都流传着这位中国画家的传说,张大千这位美髯翁一时成了阿根廷的新闻人物。

1953年,张大千又举家前往巴西。在阿根廷居住期间,张大千结交了许多侨居巴西的华侨朋友,这些朋友都纷纷向他夸赞巴西的美,有些朋友也建议他到巴西居住。

张大千自己也说:"在阿根廷总是和一些黄头发、蓝眼睛的外国人打交道,而巴西华侨众多,我希望在异国他乡能多看到一些自己的同胞,多听到一些熟悉的乡音。而且我听人说,阿根廷的生活费是香港的 2/3,巴西又只有阿根廷的 2/3。带着这么一大家人,还是来巴西比较划算。"

张大千感觉圣保罗是一个由来自许多国家的许多民族组成的城市。有一天,当他登上位于市中心共和国广场边上的意大利大厦时,他久久地注视着市中心不远处的"东方区"。这里让他嗅到了故国的乡土味,感到了家乡人的亲切气氛。

青石板路的两边,挂着汉字或日文书写的店铺招牌和匾额,有中国风格的朱漆牌坊,来来往往都是黄皮肤黑眼睛的中国人,在这里根本不用翻译,就可以畅所欲言。

当时巴西正在吸引大批移民,共同开发。张大千住下之后,也到圣保罗郊外四处考察。一天中午,他和圣保罗餐馆的经理杨先生、圣保罗农场的虞兆兴、养鸡场的四川同乡李子章一道,来到小镇外的一个起伏的小山丘,走上一个地势平坦的坝子,忽然发现这里与四川一样栽着许多柿子树,就急切地询问当地人这个地方的名字。

当地人告诉他:"那个县叫'蜀山落'。"

张大千不由得心中一惊,嘴里不停地念叨着:"蜀山落,蜀山落,多么让人遐思的地名。四川古称三巴之地,绵阳古代叫巴西郡,而这个国家恰恰就叫巴西,这是巧合。"

他俯身抓了一把路边的泥土:啊!黑油油的沃土也与故乡四川的川西坝子一样。

张大千不可抑制地冲口而出:"我决定在此安家!"

同行的几个人都大吃一惊,餐馆经理杨先生赶紧提醒他说:"张先生,不行啊,你看,这里还没有通电,离圣保罗有半天路程。另找一个好些的地方吧!"

李子章和虞兆兴也极力劝阻。

张大千固执地说:"不,就在这里!我投荒南美,尚无立足之处,现在我决定了,就在这里安家,因为喜其似成都平原。"

张大千花了10000美元就在距离圣保罗75公里处买下了一个绿树成荫、溪流环抱的柿子林,大约有270亩,整片地都是密密麻麻的树林,另外还种了2000多株玫瑰花,是一个非常美丽的地方。这个地方原是意大利药房老板的,而恰好这个意大利人要回国定居急于出手。这真是一个绝佳的机会。

张大千后来了解到,这个小镇读音类似"摩诘",于是他就干脆称为"摩诘镇"。

按照他的理解,是要建一座中国式的花园,除中国传统式样的房舍以外,还要有假山、池塘、松林、梅园、奇石、曲径、小亭,以及四季盛开不败的花草树木,"必故国所有者植之"。甚至还有不可或缺的各种盆景点缀。正如他在诗中所描述的:

废圃宽闲五百弓,十千廉买会衰翁。
疏泉种石通松鸣,筑室开轩面竹丛。
岁计全家收芋栗,生涯半世转萍蓬。
藤枝倚壁生芝菌,且闭柴门养蛰虫。

经过一段时间的建设,"五亭湖"挖成了,"潮音步"长廊修好了,一切全都齐备。

1953年,张大千把庭园命名为"八德园",池名"八德池"。

张大千为"八德"之名解释说：

"八德"之由，概取意于佛经中的"八德功水"。然吾之"八德园"，尚有余三种含义：一则遵照中国传统之"四维八德"，所谓"八德"者，乃"忠、孝、仁、爱、信、义、和、平"；二则因鄙人因柿安家，段成式《酉阳杂俎》曰：柿有七德，一长寿，二多阴，三无鸟巢，四无虫，五霜叶可玩，六嘉实，七落叶肥大可临书。

近来劳作之余，翻翻医书，才知柿叶煎水可治胃病，柿子树岂非具有八种功德？三则，余排行第八，晚辈皆呼"八叔"，学生称"八先生"，取名"八德"也有一番情趣。

"五亭湖"30 余亩，张大千在其中养鱼种荷。但这里由于引不进活水，完全依赖老天帮助，久不下雨就会干涸。有一次居然3 个月都没有下雨，张大千终日忧心忡忡，忽然这晚大雨滂沱，他不禁狂喜难抑，披衣起床，提笔一挥而成《喜雨图》，并题诗云：

三月晴干无好坏，抚筑日日觅花开。
夜来一雨缠绵甚，更有山樱怒破蕾。

"八德园"初创时，正是张大千最辛苦最勤奋的时期，筑园所借的钱要还，扩建工程也需要付给工人工资。

这个时期，张大千从精力旺盛的中年步入老年，他以"十目终能下一行"的精神，创作了大量山水、人物、花卉作品，其中8幅以四川资中县景色为题材，统称《四川资中八胜》，张大千对朋友说"为写资中八景，以慰羁情"，寄托了对故国之思。他还在《思乡图》中题字：

扁舟一棹，便有湖山之思。

乡愁！乡愁！这绵绵不尽的乡愁，伴随了张大千的一生！

与毕加索结下友谊

张大千定居巴西17年，而在八德园中是他心情最为平静的一段岁月，平日吟诗作画，种竹栽花。

夏秋之时，巴西多雨，往往丽日当空时，刹那间乌云四合，四下里笼罩在一片雨雾之中。张大千面对这朦胧灵奇之景，心有所感，便以泼墨及泼彩的方式宣泄于纸上，形成一种独特风格的山水形式。他还在这种灵感促发下题诗道：

老天夜半清兴发，惊起妻儿睡梦间。
翻倒墨池收不住，复云涌出一天山。

游兴大发时，张大千便外出云游，买卖古画，举行画展，经常出现在东京、巴黎、纽约、曼谷、香港、台北等地。他的作品开始在世界范围内产生影响。

1953年，张大千将12幅作品赠给巴黎市政厅；并在台北举办"张大千画展"。

1954年，张大千到香港举办个人画展；并在纽约、圣保罗举办画展。

1955年12月，由日本国立博物馆、东京博物馆、读卖新闻社联合在日本东京举行"张大千书画展"。这次书画展不仅轰动了日本，也轰动了国际艺坛。这次展览不仅展出了张大千的各种山水、人物、花卉作品，而且还展出了他的书法作品，这更引起了人们的兴趣。同时，在日本出版《大风堂藏画》四册。

1956年4月，日本东京举办了"张大千临摹敦煌石窟壁画展览"。张大千以深厚的功底，再现了绝妙的敦煌壁画。这次展览不仅吸引了美术界，也震动了日本的考古学界。

张大千在国内临摹的敦煌壁画，并没有带到海外，展出的作品都是他依靠惊人的记忆力再现的。世人都惊叹于他深厚的艺术和超人的天才慧敏！

当时正在东京旅游的巴黎卢浮宫博物馆馆长萨尔很感兴趣，于是极力邀请张大千到巴黎。

1956年5月31日至7月15日，在巴黎博物馆、卢浮宫博物馆举办了"张大千敦煌壁画展览"和"张大千近作展"，共展出了37幅敦煌壁画代表作品和30幅近作。

巴黎是国际艺术中心，曾产生过罗丹、高更、塞尚、莫奈、达维等艺术大师，容纳过文艺复兴以来各种艺术流派。张大千画展的成功，标志着中国绘画艺术在西方美术界占有了一席之地，也标志着张大千在世界画坛的崛起。

这次展览取得了巨大成功，巴黎这个号称"人间艺术天堂"的城市被征服了。各大报纸对此纷纷予以报道和评介。权威的塞鱼斯基博物馆馆长艾立西弗在报纸上发表文章，高度评价说：

张大千先生的创作，足知其画法多方，渲染丰富，轮廓精美,趣味深厚,往往数笔点染,即能表现其对自然的敏感及画的协调。若非天才画家,何能至此?

法国最有名气的美术评论家耶华利也在报纸上评论称赞道:

> 批评家与爱好艺术者及汉学家,皆认为张大千画法变化多端,造型技术深湛,颜色时时革新,感觉极为灵敏。他在接受中国传统的基础上,又有独特的风格。他的画与西方对照,唯有毕加索堪与比拟。

在西方人看来,"唯有毕加索堪与比拟"可说是极高的评价。

瓦拉里斯镇是法国的烧陶名城,1956年7月27日,从清晨起就格外热闹,一年一度的陶器展览会今天开幕。

张大千与夫人前一天就从巴黎到达此地,今天一早就带着一位姓赵的华裔翻译走到街上。

在这里,张大千亲眼目睹了万众欢呼毕加索的热烈场面。

张大千此前曾托在西方美术界很有名气的旅法中国画家赵无极和卢浮宫博物馆馆长萨尔,希望他们能帮他与毕加索见上一面。但是,这两个人都怕毕加索那古怪脾气,因此,他们当时没敢给张大千一个肯定的答复。

于是张大千决定自己联系,他请翻译给毕加索在昂蒂布市的居所打电话。电话是毕加索的秘书接的,他请张大千到陶器展览会上与毕加索见面,因为毕加索将到展览会上主持开幕典礼。

张大千正在思索着的时候,忽然听到人群骚动起来,就如同一阵飓风刮过海面,掀起波涛一般,每个人都在兴奋地呼喊着:"来啦!呜!来啦!呜!"

张大千举头看去,只见毕加索从人们的头上飘了过来。原来,他是被人们抬在肩上,举着走过了成千上万人的头顶的。人们跌跌撞撞,紧随其左右,狂热地向他欢呼,人们不时地把芬芳的花瓣撒在他的头上、身上。

毕加索飘浮在人浪之上,咧着嘴哈哈大笑,时时挥舞着双手,向狂热的崇拜者致意。

张大千平生第一次见到一个画家能拥有这么多痴狂的崇拜者,他仔细端详毕加索:头顶微秃,额头突出,双目深陷而闪烁着智慧的光芒,根本不像一位75岁高龄的老人。

这种热烈混乱的场面,根本容不得两位大师说话。等毕加索主持完开幕典礼之后,赵翻译走到毕加索面前,说明了来意。

毕加索友好地在翻译的肩上拍了拍,将身子微微倾斜,在他耳边说着什么。然后,他回过头来,用目光与张大千打招呼。然后,他又被更多的人围了起来。

翻译回到张大千身前说:"毕加索先生说,现场人太多,太乱,没有办法交谈。他邀请先生夫妇明日中午到他别墅午餐叙谈!"

7月28日11时30分,艳阳高照,张大千夫妇与翻译来到地中海边毕加索的乡下别墅。

他们到达那里时,看到毕加索亲自站在门厅里迎接。他见到张大千后上前几步,两位大师的手紧紧地握在一起。但是,两个人却没有过多寒暄,就直接走进屋内。

他的女秘书杰奎琳悄悄告诉张大千的翻译:"毕加索先生夏天在家里从不穿上衣,这次为了表示尊重,破例穿上了花纹衬衫,而且还穿上了皮鞋。"

两个人的气质、思维、艺术创作方法虽然大相径庭，但深谈之下，又感觉有许多相似之处：张大千绘画由母亲启蒙，而毕加索则是由当图画老师的父亲启蒙。而且他们都是各自在遵承本国传统的基础上，广泛地接触了各种传统流派，再加以创新而独领风骚的。

张大千在艺术上主张："一定要在像与不像之间，得到超物的天趣，方算是艺术。"而毕加索也主张："作画应集中精力注意相似之处，一种比现实还要真实的相似之处。"

张大千一生将近一半岁月寓居海外，但生活习惯始终保持着中国式传统；毕加索一生中有3/4的时间生活在其他国家，而他也一直保持着西班牙的生活习惯和气质。他们都拒绝放弃祖国国籍加入其他国籍，他们都以永远属于自己的祖国而自豪。

谈话间，毕加索拿出5大本他自己学习中国画的作品请张大千指教。

张大千一看就知道他是习齐白石的画风，不由得暗自惊讶，名满天下的西方现代派艺术大师毕加索，为什么要花如此多的精力去学习古老的中国画技法呢？

毕加索似乎看出了张大千一副惊奇的样子。他解释说："这是我学齐白石的作品，请大千指正。"

张大千先说了一些恭维的话，然后给毕加索讲了中国画的绘画精神与玄象及毛笔的使用等有关知识："中国画讲究'墨分五色，层次互见'的特征，不必过分求形似。"

然后他诚挚地指出："您的中国画虽然有功力，但由于不太了解中国画的用笔和用墨，所以没有焦、浓、重、淡、清五色的韵味，没有韵味，就只有象形而没有意趣。"

毕加索静听着张大千侃侃而谈，并频频点头表示理解。听完之后，他对张大千说："请张先生写几个中国字看看。"

张大千并不推辞，提起桌上一支日本制毛笔，一挥而就写了"张大千"3个字。

毕加索仔细端详着这3个字，突然说道："我最不懂的是，你们中国人为什么非要跑到巴黎来学艺术？在这个世界上谈艺术，第一是你们中国人有艺术；其次为日本，日本的艺术又源自你们中国；第三是非洲黑人有艺术。除此之外，白种人根本无艺术，不懂艺术。这么多年来，我常常感到莫名其妙，为什么有这么多中国人乃至东方人要来巴黎学艺术！"

毕加索两眼发出灼人的光芒，逼视着张大千："这不是舍本逐末吗？"

这一番发自肺腑的惊人之论，令张大千异常激动。作为一个中国人，在远离祖国的异邦土地上，能够听到异国艺术家对自己祖国艺术的崇高评价，怎能不使他深感自豪。他真想痛哭一场才高兴。就连那位年轻的华裔翻译眼眶中也溢满了泪水。

毕加索指着张大千写的字和那5本画册接着说："中国画真神奇，齐先生画水中的鱼儿，没有用一点色、一根线去画水，却使人看到了江河，嗅到了水的清香，真是了不起的奇迹。连中国的字，都是艺术。"

张大千完全被他感染了，心里说："这才是真正的毕加索。"

突然，毕加索声调低沉下来，他伤感地说："我没有去过中国，我很想去……我可能永远都不能画中国的墨竹兰花！"

张大千心中突地一震，看着这位75岁的老艺术家。

毕加索也迎着张大千的目光，对视着，毕加索说："张先生，我感到，你是一个真正的艺术家。"

这是他直接评述张大千，更是他对中国艺术的崇拜。张大千默然无语，只以中国礼仪向毕加索致以庄重的一躬。

毕加索邀请张大千一行共进午餐，饭后他们又在花园里漫步。在明媚的阳光下，两个人继续纵论人生、友谊、艺术。

毕加索平生不喜欢拍照，但那天在一位法国记者的提议下，他与张大千和夫人高高兴兴地在庭院中照了一张合影。

临别时，毕加索把大千夫妇过目并得到称赞的那幅《西班牙牧神像》送给大千作为留念。这是一幅由大小不等的黑点和粗细不同的黑线组成的人头像，满头须发，鼻子歪在一边，两眼一大一小，像鬼脸似的非常古怪。很少送画给人的毕加索在画上题写了"赠张大千　毕加索　56.7.28"等字样。

消息传开后，马上就有画商前来找张大千，要以几十万美元买下毕加索赠给他的那幅画。但张大千坚持不卖，后来他把这张画挂在巴西八德园客厅的正中墙上，不少的来访者都在它下面合影留念。

会面后不久，张大千为毕加索画了一幅《墨竹》，画中两根墨竹一浓一淡，深浅相宜。张大千的题字是：

毕加索老作家一笑
丙申之夏　张大千爰

张大千送毕加索《墨竹》，而没有送自己最拿手的荷花，自有一番用意：竹为岁寒四君子之一，它表明张大千与毕加索是君子之交的情谊，而且墨竹最能体现中国画的用笔特点，也合乎书法的用笔，从中可窥见中国画的奥妙和意境。

同时，张大千看到毕加索的毛笔不是中国的优质毛笔，还送了一套中国汉代石刻画拓片和几支精制的中国毛笔。

对两位大师的会晤，巴黎及西方新闻界纷纷给予评论，报刊以图文并茂的形式加以渲染，称之为"艺术界的高峰会议""中西艺术史上值得纪念的年代"，赞誉"这次历史性的会晤，显示近代中西美术界有相互影响、调和的可能"，"张大千与毕加索是分据中西画坛的巨子"。

荣获金奖名扬世界

与毕加索会晤后不久的一天,张大千午睡起来,正坐在旅馆静静的房间里。

这时,巴黎市中国艺术会会长、女画家潘玉良在徐雯波的陪同下走了进来。因为他们早就已经熟识了,因此张大千只笑着说:"请坐吧!"然后低头开始作画。

潘玉良接过徐雯波为她沏的茶,静静地看着房间里挂着的一幅著名画家溥心畬赠张大千的诗:

滔滔四海风尘日,宇宙难容一大千。
却似少陵天宝后,吟诗空忆李青莲。

潘玉良原名张玉良,与张大千同龄。她自小就被亲舅舅骗卖到青楼为妓,后来有幸结识了芜湖海关监督潘赞化,并娶她为妻。她自此走上艺术道路,并随夫改姓潘。

潘玉良天性聪慧,生活的坎坷又养成了她坚忍的毅力。她矢志奋斗,先后在上海美专、里昂国立美专、罗马国立美专学习,然后在上海美专、里昂国立美专任教。

自 20 世纪 30 年代起,潘玉良就从画上认识了张大千,并成为他的艺术崇拜者,后经恩师刘海粟先生介绍,与张大千结识。

这时,张大千停下手中正画着的画,转身看着潘玉良,不无凄凉地说:"我已经老了,别的不说,目力已经大不如以前了,我总是担心它还要加重。过去我一个月可成百十幅画,可是现在,唉,连一半也达不到喽!"

他左手轻轻地捋着长髯,目光透过潘玉良的头顶,穿过她身后的白壁,望向无限远方,然后慢慢吟成一诗:

瀑落空山野寺颓,青城归梦接峨眉。
十年故旧凋零尽,独立斜阳更望谁?

这时,潘玉良凝视着张大千,观察着他宽阔的额头、微闭的双唇、注视前方的双眼,就连他脸上的一丝表情也不放过。突然她萌生了一个强烈的愿望:给张大千塑像。有了这个想法,潘玉良马上说:"张先生,我要给你塑尊像。"

张大千并没有回答她的话,他的思绪还留在自己的意境之中:思乡又漂泊异乡,怀国又投荒他国!

金风横扫巴黎之时,张大千偕夫人回八德园去了。

此时,潘玉良仍然废寝忘食地在她的画室里呕心沥血。她用手背揩了一下额头上的汗水,然后长舒一口气,后退两步,眯着眼睛看着自己的作品:

柔和的阳光透过窗格,照亮了桌上一尊半身塑像——张大千头像。

1958 年 8 月,在巴黎多尔赛画廊举办的"中国画家潘玉良夫人美术作品展览会"上，一尊半身铜像《张大千头像》最引人注目，参观画展的人们在这尊中国艺术家的头像前流连忘返，发出一声声的真诚的赞叹。

不等展览结束，这尊张大千的半身铜像，连同她的水彩画《浴后》一同被法国国立现代美术馆购藏。这尊与真人一般大小的铜像，同罗丹等艺术大师的杰作一起，永久地陈列在了这座著名美术馆的展厅里。世界上每一个游客到这里参观时，都会看到这位中国艺术大师的立体形象。

1958年，张大千60岁。他的国画作品《秋海棠》参加了美国纽约举办的"世界现代美术博览会"，被国际画协会推选为全球最伟大的画家杰作，并获得金质奖章。而他本人获得了该协会公选的"当代世界第一大画家"的荣誉称号。

全世界的报纸、通讯社都播发了这一消息：

  这个荣誉，是张大千先生几十年艺术追求的结晶，是他血和汗的凝聚。这个荣誉，也是源远流长、独具特色的中国画的胜利！

张大千得到这份殊荣是当之无愧的，他用几十年的心血换来了世界对他的承认。这个最高荣誉不仅是对张大千的评价，也是对张大千所代表的中国艺术的评价。

绝妙的中国绘画艺术，终于在张大千的努力下，获得了世界级的崇高荣誉！

1959年，法国巴黎博物馆成立了永久性的中国画展览厅，张大千的12幅作品参加了开幕式，但他本人并没有去巴黎。

此时的他，已经应邀去了台湾，在台北举办了"张大千先生国画展"。同时应台湾故宫博物院之邀,张大千为故宫藏画作鉴定,后来写成《故宫名画读后记》。

鉴于张大千的艺术成就,台湾当局的"教育部长"、原清华大学老校长梅贻琦代表有关方面,授予张大千"金质文化奖章"。一时间,台湾掀起了一股"张大千热"。名声越叫越响了,上门祝贺并求张大千作画的人终日不绝。

但这时,张大千却越来越受到眼疾的困扰,于是决定去美国治病,顺便到日本、法国、瑞士、联邦德国等地游历。

3月到达美国,威廉·毕凡姆医生为张大千检查,他眼球后部微血管破裂55处,要立即缝合,其他疾病治疗要稍推后。但鉴于张大千年事已高,又有严重的糖尿病,不能开刀,决定先给他保守治疗,10月份再来采用紫色光射机治疗。

不料回到巴西静养期间,一天他错把三级台阶看成了两级台阶,一脚踏空,摔断了右脚两根趾骨。

消息传出,不少朋友纷纷解囊捐助,一时就集了上万美元,这令张大千深为感动。

10月,再去美国,张大千在医生处做了费用昂贵的紫色光射机治疗。刚开始感觉效果很好,可惜回到巴西后,右眼视力又突然下降,三步之外几乎看不见人。

他的眼病时好时坏,名医请了不少,大医院进的也不少,但效果都不是太理想。眼疾成了张大千晚年的一大心腹之患。

勇于突破再创辉煌

张大千在海外画展不断,他的声誉如日中天,名扬世界。但他并不满足,他仍在探寻艺术的无穷境界。

尽管年进老迈之列,又受眼疾困扰,但张大千并不服老,他常自比三国黄忠,并对家人说:"我比黄忠还小些吧!艺术道路上不进则退,当了个什么'世界第一大画家'不画画算哪门?"

张大千在苦思着突破之路,从20世纪50年代末开始,他就一直研究在绘画中使用大泼墨、大泼彩的技法。1956年从巴黎回来之后的那个久旱骤雨之日,他以泼墨法为主画了第一幅作品《山园骤雨》,当时就有人敏感地认为:这也许是一条突破新路的信息!

他又想起前几年自己写的一句话:"抉造化之玄奥,觇运会之降升。衡鉴之微,唯以神遇。"

"对!"他不由得豁然开朗,手一拍床边,"穷则变,变则通,通则达。哈哈!"

第二天一早,张大千练完一套太极拳,回到画室铺开大纸,写了一副对联,每个字都有碗口大小:

身健在　且加餐　把酒再三嘱
人已老　欢犹昨　为寿百千春

这是集黄庭坚、辛弃疾的诗句而成。他退后两步欣赏已毕，随即命人拿去装裱后挂在画室内，开始了他辛勤的闭门修炼。

从此，张大千以从中国传统绘画技法中吸取的营养为基础，融合西方绘画技法，创新求胜，在画面上大面积运用积墨、破墨、积色、破色等技法，使其作品焕然一新。

1960年，张大千又在巴黎举行近作展，共展出作品30件，大部分为大泼墨作品。接着，这30件作品又在布鲁塞尔、雅典、马德里等处巡回展出。

1961年，张大千在日内瓦举行近作展。并在巴黎举行巨幅荷花展。这幅荷花后来被纽约现代美术博物馆高价收藏。

在展览期间，张大千有一次去他的义妹、音乐家费曼尔女士开的大观园餐厅吃饭，忽然发现很多餐具上烧有一幅中国水墨画，画面是一个在草叶上的刀螂，而绘画风格颇似齐白石，便问费曼尔："这是谁画的？"

费曼尔高兴地说："哦，有一次毕加索来我这儿吃饭，偶然跟我提起了你，也知道了我们之间的关系。他高兴地当场就用毛笔画了这幅画赠给我。我于是就把它烧在餐具上做装饰了。"

张大千颇感兴趣："原来这个老先生还在学习中国画。"

饭后，他让费曼尔拿来纸笔，也即兴画了两幅花卉小品。后来费曼尔也把它们都烧在了餐具上。这段美谈传开后，大观园的生意也比原来更红火了。人们有时来这里并不仅仅是为了品尝美味，更是来欣赏两位大师的餐具的。

同年冬，他又在圣保罗举办了近作展。

1962年，张大千创作了4幅通景巨幅《青城山》，这成为张大千大泼墨技法的代表作。这幅画长555.4厘米，高195厘米，取材于他所"平生梦结"的故乡青城山。4幅作品通景相连，云海峰峙，烟雨迷蒙，气派宏大，笔墨酣畅淋漓，一气呵成。上面还有张大千题写的诗句：

沫水犹然作乱流，味江难望浊醪投。
平生梦结青城宅，掷笔还羞与鬼谋。

这幅作品的出现，立刻引起各方面的关注和兴趣，同行都被它震惊了，感到了它的非凡意义。

张大千在这幅画中，运用了西方绘画中光与色、明与景的处理技法，但采用的形式、手段到绘画颜料和工具仍然是中国传统手法，只是张大千通过变法，气势更加雄浑苍老和宏大精深了。

他由以往的细笔改成了大笔，重视渲染，将水墨与青绿、泼彩与泼墨融为一体，表现出祖国山水的意象。这正是张大千独创的泼彩法、墨彩全泼法，他为中国画开辟了一条崭新的道路。

一些美术评论家准确地判断，这是张大千艺术道路上的第三个里程碑，他的艺术生命又跨入了一个新的更高境界。

而有些人在震惊之余，也发出了怀疑之声："一个60多岁、身患多种疾病的老人，怎么能画出这样气势恢宏、迷离混沌的东西？"

1963年初，正在纽约举办画展的张大千听到了这种挑战的声音："张先生，俗话说'耳听是虚，眼见为实'，我不信你还画得了这样的大画！如果行，可不可以当众画一幅？"

张大千接受了挑战："你要怎么着才能相信？"

"我受一位很有地位的美国人委托，请您画一幅长24尺、宽12

尺的 6 幅荷花通景屏。她的名字保密。"

张大千一听不由得心里冷笑,他一捋长髯:"这算什么,更大的我也可以画!画出来又怎样?"

来人也不示弱:"我的委托人愿出 10 万美元以上的高价购买先生这幅画,条件是当众画。"

张大千仰天长笑:"就这样,我明天就画,请你当面观看!"

第二天上午,闻讯赶来的华侨、字画商、记者等各界人士云集张大千下榻的旅馆宽大的客厅。地上摆着两丈多长的数幅宣纸,毛笔、墨汁、彩色颜料都准备好了。记者们也准备好了照相机,大家都等待着这场好戏开场。

随着爽朗的笑声,张大千来了。他左手提长袍,右手拄藜杖,长髯飘飘,走到人们面前:"嚯,来了这么多人哪!"

夫人跟在他身后,帮他将长袍袖和白绸衬衣衣袖捋了上去。人们从他的举止,确实看出了他的一丝老态,不由得为他捏了一把汗。

但当张大千脱掉布鞋,穿着布袜站在宣纸上的时候,眼皮一撩,双目立刻射出炯炯神光,神情为之一变。

只见他双手捧着盛满散发出清香的墨汁的紫色云纹大水盘,若断若续从左到右地把墨汁泼到宣纸的各处,就像在练习太极拳一样,步伐轻柔而矫健,情态昂然,一点也不像一个 64 岁的老人。

人们的视线全被在纸上浸润的一团团墨汁吸引住了,呆呆地看着,弄不明白这个中国老人在搞什么名堂。

只见张大千掣起了两尺多长的"师万物"巨笔,在画面上顺着铺洒的墨汁随形勾勒,笔锋纵横驰骋,如疾风骤雨一般……

人们慢慢看出了一些名堂:"这不是一塘繁茂的荷叶吗?"

画室里只听到"沙沙"的纸响,人们都紧张得抿住了嘴唇。张大千的额头上沁出了细细的汗珠,他全神贯注,时蹲时站,银髯飘摆,就如挥刀纵马万军中取敌首级的老黄忠一般。

时间慢慢流逝,有的人腿都站酸了;记者累得脸上流满了汗珠,一边拍照,一边笔录现场。

张大千终于停笔抬头,手捋胡须朗声说道:"怎么样?还有人说我老吗?"

众人仔细欣赏,惊叹拜服:这是一塘繁茂连天、生机盎然的荷花,而且每一幅既是独立的佳作,又是24尺整幅画中的一个组成部分。

一位年过花甲又患有疾病的老人,却仍然有如此高超的画技、敏捷的思维和强韧的体力,这真是一个奇迹!

这幅荷花通景屏被美国发行量最大的刊物《读者文摘》的女编辑主任花14万美元高价购藏,创下了当时中国画售价的最高纪录,也创下了张大千自己售价的最高纪录。

画卷运到了以装裱精美著称的日本东京,日本人从来没有见过这巨大的中国画,装裱师傅找不到这么长的裱褙室,不得不打通了两间宽大的工作房。10个工人一齐动手都无法提起,只好用了20人才完成了这幅画的裱褙,使高超的师傅们累得筋疲力尽。

张大千的名气更响亮了,人们称他为"神奇的张大千"。而他在报纸上的照片更被加了旁注:

中国的活神仙。

张大千让中国绘画艺术高高地站立在世界的顶峰。

积极弘扬祖国文化

张大千不仅使中国绘画艺术崛起于世界,而且更是一位不倦地弘扬中国艺术的"文化大使"。

在此之前,由于中国多年闭关锁国和战乱不断,中国画在世界上的地位一直不被看好。而张大千在海外期间,足迹踏遍欧洲、美洲、日本和东南亚;在美国、法国、日本、比利时、希腊、西班牙、瑞士、英国、联邦德国、印度、阿根廷、泰国、马来西亚、新加坡、韩国和中国香港、台湾等地区举办了80余次画展。

张大千始终以弘扬中国文化和艺术为宗旨,除了绘画,他还以中国的园林艺术、美食、文化,甚至他的中国人的气质、风度和穿着打扮,征服了无数的外国人。

1963年5月,张大千在香港见到了从内地来探望他的女儿张心瑞、张心庆。张大千悲喜交集,泪如雨下。张心庆告诉父亲,母亲曾正蓉于1961年在成都病逝,由四川省文化局专门拨给了安葬费。张大千在难过之余,也感谢祖国对他及家人的关怀。

张心瑞当时是四川美术学院老师。她自幼随父亲学习书画,很受张大千疼爱。她随父亲在香港办完画展后,又一起来到巴西"八德园",同去的还有张大千从未见到过的外孙女肖莲。

张大千终日与外孙女在八德园嬉戏玩耍,当时恰逢张心瑞36岁生日,张大千亲笔为女儿画了巨幅画《八德园山水风景图》作为纪念。

画完之后,他深情地拉着女儿的手,眼眶中溢满了泪水,伤感地说:"时光流逝何如是之速!与吾儿分别,竟18年矣……"话未说完竟已是热泪滚滚而出。

心瑞和肖莲朝夕相伴在张大千身边,陪他作画、聊天、散步。有一次,心瑞临摹父亲过去的一幅《岁朝图》,张大千看后高兴得连连点头,提笔在画上略加点染润色,并在画上题词:

> 拾得(心瑞乳名)爱女,远来省亲,温凊之余,偶效老夫墨戏此临《岁朝图》,颇窥堂奥,喜为润色之。爰翁并识。

张心瑞注意到,父亲虽然久居海外,但一直心系祖国,关注着国内的情况。张大千的书架里有许多大陆50年代以后的出版物,如黄宾虹等画家的画册,还有一些历史、文物考古方面的书籍,梅兰芳先生的录音带等。

在园中散步时,张心瑞发现"八德园"完全是一座中国城。园内的山水、草木都按中国式风格布置,包括室内的家具、喝茶的沏法、饭菜的风味都是中国式的。父亲无论冬夏,都穿中国衣衫和布鞋,按照中国的风俗过年过节。

每逢张善孖、曾熙和李瑞清的生辰和忌日,张大千总是亲自率领全家人,按中国传统礼仪上供祭奠。

在教育子女方面，张大千也完全按中国传统的观念：和睦共居、长幼有序、勤俭持家，并且严厉到不许在家里说外国话。

他与外国客人交谈也是用四川内江方言，还说："为什么我一定要说外国话？外国人为何不跟我说中国话？"

1964年4月，张心瑞就要起程回国。临走那几天，张大千整日作画不停，他要给亲人留下永久的纪念。

他给7岁的小肖莲画了一本山水、花卉画册；还单为外孙女画了一幅《雀石图》，并题了一首诗：

送一半，留一半，莲莲、莲莲你看看，到底你要哪一半？

写完后张大千笑着对肖莲说："爷爷这幅画只给你一半，我也要一半哟，你自己挑要哪一半，爷爷好为你裁开。快说。"

肖莲以为是真的，仔细地横看竖看，怎么都会把画弄坏，急忙求张大千："爷爷，这怎么分得开呢？不要裁好不好？裁就裁坏了！"

大家都被孩子的天真逗乐了。张心瑞看女儿都快急哭了，笑着说："傻孩子，爷爷逗你玩的。快谢谢爷爷。"

肖莲看着张大千，张大千笑着说："喔，爷爷不裁了，全部给你。哈哈！真是个老实孩子！"

张心瑞离开巴西到香港，张大千专程送到香港。一到香港，张大千又专门给肖莲画了一幅山水《摩诘山园图》。画作成了，张大千久久凝视着女儿和外孙女，欲语又止，再次提笔在图上方写下长跋：

> 此予新得，磐磵泉石之胜，当为摩诘冠……务将还蜀。治乱不常，重来知复何日？言念及此，能无怅恨！

短短数语，无不充满爱怜和遗憾。临别之际，张大千又为家乡的领导和朋友们作了一些画，请女儿带给他们，并转达一个海外游子的心意。

张心瑞回国后深情地写道：

> 一系列的情况使我深信，父亲一直是一个热爱祖国、怀念祖国的人；祖国人民对我父亲的爱护和怀念，我相信，他也一定是知道的。

1964年，张大千来到东京，请日本医科大学樋渡正五教授治疗眼疾。检查后发现，他两眼除患有白内障外，右眼血管硬化，眼球底出血。经过一个月的治疗，摘除了白内障，出血停止，病情有了一定的好转。

这年5月10日是张大千65岁生日，正巧是在联邦德国科隆举办画展期间。这一天，表弟喻钟烈和朋友们特意在莱茵河的游船上为他设宴庆贺。

喻钟烈是张大千表叔喻培伦之子，比表哥小33岁，很早就出国留学并定居，他还娶了一位德国太太。

当日碧空如洗，游艇轻快地昂着蓝白相间的头向下游驰去。莱茵河就如一块铺在玻璃板上的淡蓝色软绸。

张大千穿着长袍、布履，手拂长须，高兴地和朋友们谈笑着。两岸时而是平缓的草地，时而是丛生的树林，岸上与相邻游艇上的人们都好奇地看着他，因为多数人虽然听说过这位中国画大师，却没有见过他。

后来当人们知道游船上那个被称为"张先生"的长髯老者就是张大千时，不由得都热情地向他招手致意。同船的游客则纷纷请他签名。

嗅觉灵敏的记者马上凑上前来说："张先生，请问你再次畅游莱茵河，是为观景还是有其他原因？"

张大千神采飘然地答道："鄙人痴长六十有五，今日敝表弟喻钟烈特约其同事为老朽做生日。"

表弟喻钟烈与同事们见此情景非常兴奋。因为严肃的日耳曼人很少对外国人表示这么狂烈的热情，是张大千以他中国人的气质、风度及艺术魅力征服了日耳曼人，都感觉张大千真为中国人争气。

有记者又问到他去年在新加坡、吉隆坡和纽约等地的画展均获成功，这次在科隆再次获得空前成功有何感想时，张大千略一思索，朗声答道："此次鄙人到贵国举办个人画展，深感贵国人民好客之谊和酷爱艺术之风。画展之所以取得成功，并不仅仅是我个人的成功，而是中国绘画艺术千年不衰之魅力所致。"

一位友人敬仰张大千的风采和艺术，引用了歌德的一首诗赠给张大千以示祝寿：

　　开展的生命，
　　长年的努力。
　　不断地探索，
　　继续地建树。

　　从来不闭塞，

经常地通达。
忠实地保护旧传统，
善意地发扬新作风。

态度严肃，
目标纯洁，
方才达到今日的境地。

　　画展尚未结束，联邦德国四大银行之一的商业银行与德国航空公司将所有的画买下，准备在联邦德国全境内举行巡回展览。

　　科隆市长破格参观了这一并不是政府承办的民间画展，还亲自在市政大厅设宴庆祝，随后市长又亲自用自己的游艇陪同张大千再次游览了莱茵河。但喻钟烈在不经意中发现，表哥在凝视莱茵河时，忽然有一丝黯然神伤的表情。

　　记者将此盛事在报纸上连载报道，于是，张大千的美髯又飘洒在联邦德国的报纸上。

　　1965年底，张大千正在伦敦开画展，突感不适，于是赶往美国治疗。12月14日，经美国哥伦比亚大学附属医院检验，发现他胆囊有龙眼大小的结石两粒，还有不少小结石。经过3个星期治疗，基本治好了胆结石。

　　住院期间，张大千保持了乐观的心态，他说："苏东坡曾说'因病得闲真是福'。往日穷忙，今日才知此言极妥帖。"

　　张大千多年来始终坚守着年轻时在日本留学时立下的誓言："今后无论在国内国外，永远只穿中国衣履，使用中国语言。"

　　因此虽然在国外居住了这么多年，但他一直以中国的风俗习惯生活。无论他去哪里，总是一袭中国长衫、圆口布鞋，须发飘然，有时还戴着自己制的"东坡帽"。在外国人的眼中,他永远都是手提长衫,昂首阔步的"美髯公"形象。他以做一个中国人而自豪。

他始终不忘故乡的情景,有一次他观看相册,往事一幕幕如此新鲜,历历在目,恍如昨日,情不自抑作诗一首:

> 不见巴人作巴语,争教蜀客邻蜀山。
> 垂老不无归国日,梦中满意说乡关。

他一生画过无数国外山水,如《瑞士戛山》《海峤二士》等,但始终不画小汽车、洋房和西装,甚至在外国山水上添上中国古装仕人。

张大千67岁生日时,表弟喻钟烈夫妇飞越大西洋来到巴西为表兄祝寿。张大千非常高兴,热情招待表弟伉俪。

喻钟烈看到张大千列出的菜单,惊奇地问道:"炒虾球、酿醋背柳、白汁鱼唇……在表哥家竟然能吃到这样地道的中国菜,简直太出乎我意料了!"

表兄弟一起度过了两星期的快乐时光。临别前,兄弟俩一起漫步在五亭湖边,喻钟烈看了一眼表哥,忽然问道:"表哥,当年在莱茵河上,我发现你在高兴之余突然有一刻神情黯然,当时我不好多问。今天我又见你似有心事。我憋了两年也难解,不知当日……"

张大千抬起头来,嘴角微微抽搐,双目直视表弟答道:"当日我突然想起了扬子江。"

随后,张大千吟起在《六十七岁自画像》上题的一首诗:

> 还乡无日恋乡深,岁岁相逢感不禁。
> 索我尘容尘满面,诸君饥饱最关心。

当晚,兄弟俩坐在五亭湖畔,一轮皎洁的明月嵌在无边无际的苍穹,周围一切景物都笼罩在朦胧之中。

张大千声音低沉地对表弟说:"小时候,修哥给我讲诗词,开篇就是'举头望明月,低头思故乡'。当此明月,焉能无情,岂不眷念旧国!中国有句古话:'小草恋山,野人怀土',身为中国人,就不能忘了祖宗。"

喻钟烈看到,两滴清泪顺着表哥的面颊流了下来。

喻钟烈原本年轻气盛,一直追随于欧美的西方文明,对中国文化早已不太感兴趣,生活习惯上也早已抛弃了中国方式。但自他在海外见到张大千后,却深深地被这位着中国衣衫、说四川方言的老表所吸引。

喻钟烈自那次科隆画展见到表哥的作品后,宛如回到了家乡的山水间,倍感亲切。他看到张大千受到无数外国人的崇拜而更心生惭愧。而与张大千在圣保罗喧哗的闹市中心,看到表哥着中国长衫,昂首阔步,被人奉为"中国的活神仙",显得那么潇洒,他更差点流下泪来,为表哥的风度折服、自豪,也为自己失去炎黄子孙的气节而惭愧。

从此,喻钟烈在表哥的潜移默化下,慢慢改掉了自己身上的"西化"习惯,重新回归对中国传统文化的崇敬。

1967年至1973年的6年里,张大千在美国斯坦福大学博物馆、加州卡米尔莱克美术馆、纽约文化中心、洛杉矶考威克美术馆、纽约圣约翰大学、法兰克·卡诺美术馆、波士顿队阿尔伯-兰敦美术馆、旧金山磏昂博物馆、卡米尔拉奇博物馆、洛杉矶安克鲁画廊等地共举办了近20次画展。

张大千的画倾倒了千千万万的美国人，美国洛杉矶市授予他"名誉市民"的称号，加州太平洋大学还颁授他"荣誉人文博士"学位。

张大千坚持弘扬中国的文化，使世界上无数的人们认识了中国，认识了优秀的中国文化，并使无数的海外炎黄子孙都为之自豪和骄傲，他不愧是中国的"文化大使"。

离开巴西移居美国

在海外居住日久,张大千的思乡之情越来越重。在为疾病痛苦所折磨的时候,他也越来越思念家乡和亲人们。

自二哥逝世之后,每逢三哥张丽诚、四哥张文修的生日,他都要作画遥祝。

1966年四哥张文修82岁生日,张大千画了一幅《黄山旧游图》,并在画上感伤地题道:

丙午春,记写黄山旧游,寄呈修哥诲正。吾哥年八十有二,弟亦六十八矣,相望不得见,奈何,奈何!

张大千出国时随身携带了母亲画的《猫蝶图》、二哥画的虎等作品,他把这些画当作最珍贵的宝物珍藏,从不轻易给别人看。而自己常常一个人的时候,久久地观看这些画,常常看到泪水洒满衣襟。

同命相连、饱受思乡之苦的于右任先生知道之后,深为老友的爱国思乡之情而感动,作了一首《为张大千题先人遗墨》相赠:

> 天涯人老忘途远，君莫话前游。风云激荡，关河冷落，贤者飘流。
>
> 一支名笔，三年去国，万里归舟。依依何事？先人遗墨，并此神州！

张大千看到"先人遗墨，并此神州"这两句，拨动了他心底的万丈情丝。

张大千常常想完成一件表现伟大祖国气魄的作品。1968年4月，他不顾视力极差、疾病缠身，仅仅用了10天时间，就完成了巨幅长卷《长江万里图》。全图分为10个段落，起笔于青城山下的岷江索桥，收笔于大洋岸远望的长江入海口。

这幅巨作，高53.3厘米，长1996厘米，再现了锦绣河山的万千气象、瑰丽壮阔，气势上超过了南宋画家夏珪六丈四尺长的《长江万里图》。

《长江万里图》作为张大千送给在台湾的老乡张群80大寿的礼物，5月9日转交给张群，随后在台湾故宫博物院展出，吸引了千千万万的台湾同胞。很多青年都是第一次从这幅画上见到祖国的长江。许多从大陆去的老年人，仿佛又回到了故乡，激起心中的故国之思，个个都热泪盈眶。

人们纷纷争相抢购这幅画的复制品加以珍藏。

著名美术评论家黄苗子曾有一段精彩的评论，概括了这幅巨作高超的艺术手法和不朽的艺术价值：

> 这幅作品正如一个大交响乐章，时而黄钟大吕，管弦镗嗒；时而小弦切切，余音绕梁；时而豪丝哀竹，绵渺流畅。轻盈处如美女披纱，凝重处如庄严妙相。有时疏能走

马，有时密不藏针。五丈多长的一幅卷子，他一气呵成，得心应手。

我们不能否认张大千有很好的记忆力，对万里长江的主要特点，经过30多年还了如指掌并且画了出来。

但是，我以为更重要的是他具有深挚的乡土之爱，对祖国的山川人物有骨肉之情。离开这些，再高明的技法也是无源之水，日渐枯竭。

成功的画家需要很多条件，但最需要的，首先是充沛的感情，对祖国大地山河的爱恋。

后来，这幅画还在美国纽约福兰克加禄美术馆、芝加哥毛里美术馆、波士顿阿尔伯-兰敦美术馆展出，吸引了一批批海外中国人和外国人。

1968年7月21日，曼谷《世界报》经过在泰籍华人和华侨中进行广泛的民意调查，推崇张大千为"当代中国最佳画家"。

时光荏苒，10多年过去了，1968年张大千70大寿时，曾感慨地画了一幅自画像，并题诗道：

七十婆娑老境成，观河直觉负平生。
新来事事都昏聩，只有看山两眼明。

为什么在功成名就之后，会有如此落寞的心情呢？因为他费尽千辛万苦经营的八德园，就将要忍痛放弃了。

由于巴西政府准备在八德园附近修建水库，按设计规划，这一带将要被淹没，因此政府要征收。

八德园的被征对张大千是一个沉重的打击，这里的一草一木、一山一石都曾经花费过他的心血，一旦离去，心中的失落难以言表。

之后，张大千考虑到美国加州有较多的华侨和老相识，于是带着夫人、儿子、女儿及一家人移居美国西海岸，在旧金山南面的观光小城、加州的卡米尔城购下一处住宅，取名"可以居"。

可以居比起八德园的宽敞与气魄来，当然不可同日而语，但环境非常秀美。它的附近是颇负盛名的"十七里海岸"，怒涛拍岸，岩石奇特，非常壮观。沿岸苍松处处，草坪如茵，奇花异草，珍禽驯鹿，海中有小岛，海鸥群集，白浪滔滔，真可谓人间仙境。

张大千的心境渐渐地安定了许多，在可以居期间，他陆续在洛杉矶美术馆、旧金山美术馆、台北故宫博物院及香港大会堂举办了画展。

1972年春节刚过，张大千终于在"十七里海岸"内找到了一处地方。"十七里海岸"曲折而壮阔，公路两旁到处是一片花海。他看中的新居地点不靠海，但是数栋平房周围尽是茂林修竹，浓荫垂碧，青翠欲滴。对长久患眼疾的张大千来说，多看一些绿色景致是有益处的，于是他毫不犹豫买下了数亩地，命名为"环荜盫"，仍然准备建造一座中国式庭园。

以前在国内各地时，张大千从来不亲自构筑园囿，上海的租界、苏州的网师园、北京的颐和园听鹂馆、青城山的上清宫，都已经是最美的各具特色的园林了。

但自从到北美之后，他施展开拓精神，把画面上的构想和创意，适度地转到实际园林上，凭借经营八德园的经验，把环荜盫修建得井井有条。几经寻觅，运来一块重达5000千克的巨石置于梅园，并题为"梅丘"。

乔迁之日贺客盈门，张大千接连几天都处于兴奋之中。

宴席之上，有人大赞六小姐心声的麻婆豆腐色香味俱佳；有的夸奖梅丘上的数百株梅树姿态各异，景寒添香；也有人对斜径两侧的各式盆景赞不绝口，巧夺开工，自成一统。后来就说到了环荜盦这个名字上，大家都说这个名字不好理解。

张大千慢慢地说："这也难怪，诸位一辈子居住海外，中国的古书读得少些。这是取自《左传》的典故：'荜路蓝缕，以启山林。'意思是驾着牛车，穿着破旧的衣服去开辟山林，含有创业维艰之意。"

宴后，张大千作《移家》诗一首：

　　万竹丛中结一盦，青甏能守自潭潭。
　　老依夷市贫非病，久侍蛮姬语亦谙。
　　得保闲身惟善饭，未除习气爱清谈。
　　呼儿且为开萝径，新有邻翁住屋南。

随后他在洛杉矶安克鲁画廊举办个人画展，取得成功。由于这时他已在美国定居，一时成了当地新闻人物。当记者围拢张大千提出各式各样的问题时，张大千机智幽默地与他们打趣："诸位，有个先生问我，为什么我的胡子少了许多，其实道理很简单，我作画要用毛笔嘛，我拔去做毛笔了。但这支笔作的画不对外，因为它画在我心上。"

在环荜盦，与旅美画家侯北人成了近邻，两个人经常你来我往，切磋画艺。

早在1956年春，侯北人暂居香港时，就曾登门拜访过张大千。侯北人师从于黄宾虹，当时张大千以石涛笔法画了一幅六尺墨竹送给侯北人。

11年后的1967年夏,张大千受美国斯坦福大学邀请,到该校博物馆开画展时,在加州卡麦尔城华侨邱永和开的旅馆里又遇到了已经旅居美国的侯北人。这时他已经是柏拉特艺术中心的中国画教授了。两个人一直畅谈到深夜才分手。

侯北人也对故乡怀着深深的思恋,因此他在侯宅种了不少中国的花木,如梅树、海棠、桂树、玉兰、石榴、银杏等,并为住宅起名"老杏堂"。

1968年的洛杉矶,侯北人在杏花飘落时节见到了那幅永世不朽的《长江万里图》,不由得百感交集,想起当年张大千站在海边翘首故国的情景,忍不住伏案挥笔,在《老杏堂杂记》中写下了一篇感人至深的观感散文:

作了这样漫长的万里之游,浮在脑际的,是那无尽无休的美丽的江山。在眼前的,是这幅令人陶醉的画卷。

当我慢慢把这复制本的卷子合上,望窗外异国的白云悠悠,杏花飘落,心中有无际的感怀,无边的叹息。

难道说那万里长江,壮丽的山河,在这一生,在我们这一代,就永远如梦似的缥缈,不可提摸了吗?但愿山川有灵,告我们归期吧!

侯北人后来发誓:"此生此世,无论如何要回故国,看我长江!"

1969年3月,张大千到侯北人家看杏花。看到杏花,他又不由得想到了江南,回去之后就画了一幅《看杏花图》,并题了一首诗:

一片红霞灿不收,霏霏芳雨弄春柔。

水村山店江南梦，勾起行人作许愁。

张大千与侯北人共赏群花，怀念祖国。侯北人曾画过一幅《桂林山水》，张大千看后感慨至深，提笔在上题了一首诗：

八桂山川系梦深，七星独秀是幽寻。
渡江不管人离别，翘首西南泪满襟。

侯北人也是泼墨泼彩画的积极倡导者和实践者。他和张大千一道，对完善泼墨泼彩画法作出了努力，并形成了自己的构图、意境。两个人成为至交好友。

第二年冬天，坐落在环荜盦西面小丘上的亭子建成了，张大千取苏东坡"此亭聊可喜"之意取名为"聊可亭"。

徐雯波说："古人说六十不造屋，你七十有五，既然亭子都造了，也聊为可喜，再给它题副联如何？"

张大千欣然应允，几个大字一挥而成：

聊复尔耳，可以已乎。

从此环荜盦内曲径小路、竹亭梅园无不具备。

张大千在此创作了大量的作品，并在美国旧金山美术馆举办"张大千40年回顾展"，又先后在台北、香港、汉城等地举办大型画展。并荣获加州太平洋大学"人文博士"荣誉学位。

张大千的气度、风范和谈吐，承袭了我国传统的风貌，气质高雅，自然亲切，获得了世界各国人民的崇敬和赞扬。

侯北人赞叹张大千的泼彩法：

举世为之惊赞推赏，使中国山水画另辟一个新天地。

书法家王壮为说：

大千之可爱可贵，在于其画之繁者、巧者、细者都是超人一等的。

溥心畬干脆用"宇宙难容一大千"来概括对张大千的赞美。于右任作《浣溪沙》称赞张大千说：

上将于今数老张，飞扬世界不寻常；龙兴大海凤鸣冈。

作画真能为世重，题诗更是发天香；一池砚水太平洋。

回到台湾定居双溪

环荜盦虽然比八德园小,但张大千却总觉得园子里一天到晚冷冷清清的不是滋味。

真正的原因是,亲人们都散处四方,儿孙们也或外出求学或工作在外,大家聚在一起的时间自然少多了。人们都整日忙碌,很少有人没事串门清谈。

但张大千天生闲不住,好热闹,现在人人晚境,话越多就越怕冷清,但朋友们不是借口忙而来不了,就是来了坐一会儿也就告辞走了。

更苦恼的是,与家乡的亲人们已经好长时间都没通信了,得不到国内的真实消息。

他不由得犯了疑惑,问徐雯波道:"三哥、四哥为什么还没来信?"

徐雯波只好说:"可能他们不知道我们已经迁居美国了,信寄到巴西还没转过来吧!"

张大千气道:"你不要以为我老糊涂了,最近我听到好几个朋友说,他们都收到大陆亲人的来信,为何偏偏我们没有?我去年、今年都给心庆她们写了信去，并通过香港的李七叔分别给他们几兄妹汇了款，为什么连个信都不回一封？我看其中必有原因！"

张大千写给张心庆的信，她都收到了，她不知读了多少遍，有的句子都快背下来了：

美与大陆虽无邦交，但已有往来，汝可将情况前去申请，必可得其准许。外孙女小咪，你所极爱，必须带来或者留在我身旁。

而在这时，台湾当局开始不断地主动关心张大千。不断给他授予荣誉，几乎年年举办有关张大千的画展。台湾方面有关人士也不断登门邀请张大千去台湾定居。

1968年11月，张大千托张群将自己临摹的62幅敦煌壁画赠给台湾故宫博物院。

1970年仲夏，张大千在台湾黎山宾馆偶然遇到一个四川老乡，他是隆昌人，离张大千的老家内江仅百里之隔。张大千与此人并不相识，但听到乡音，欣喜至极，竟放下了重要事情，与老乡作了一番长谈，谈起了四川的风土人情。张大千在谈完之后，写了一首充满诚挚情谊的小诗并书写在宣纸上，赠给这位老乡：

君之乡里为邻里，异地相逢快莫论。
挈我琼楼看玉宇，不胜寒处最情温。

1976年，张大千垂垂老矣，再过三四年，就是80高龄了。时间以它锋利的年轮，无声无息却又无情地给这位老人留下了无处不在的痕迹,头顶秃了,头发白了,腰板不硬,步履艰难,酣酣入眠的时间一天比一天少了。

他知道自己老了,以前的"大千父"印章不常用了,换成了"大千老子""爰翁"。他又多么希望自己不要老,画上的"大千唯印大年""云璈锦瑟争寿""张爰福寿",就是自己心愿的写照。

人入老境,另有一番滋味,孤独寂寞怕是其中最难熬的滋味。身在美国,这种滋味尤为明显。他的目光又落在那首韩愈写给侄儿十二郎的诗《河之水二首寄子侄老成》上。

这首诗不知诵了多少回,已经完全背得了。缠绵伤感的诗情,无法排遣的愁怀,无可奈何的思绪,千古如是!

张大千觉得自己疲倦了,几十年海外的奔波,万里之外的思恋,都使他感到寄人篱下之苦。现在,人老了,也该回去了。自1949年底离别祖国后,张大千始终以艺术为自己的出发点和最终目的,长期在异国居住。但是,作为一个中国人,总要叶落归根呀!

1975年,台湾"国立历史博物馆"举办了"张大千早期作品展""张大千画展"。接着,该馆在举办"中西名家画展"时,又将张大千30年来的80余幅精品参加展览。

旋即,该馆与"韩中艺术联合会"联合在汉城国立现代美术馆举办了一个大型画展,张大千以60幅代表作参展。同年,台湾方面还编印了《张大千作品选集》《张大千九歌图卷》等精美画册,并向张大千颁发了"艺坛宗师"匾额。

任何一个艺术家,都希望别人尊重他所从事的艺术和创作的作品,甚至超过他本人。

在这之前,张大千隔一两年要回台湾一次,那边有相交几十年的老朋友和学生；那边，有阿里山、日月潭、北投、太鲁阁……祖国这部分土地上的秀丽山水，又可以激发出他多少创作激情，画出多少胜景之画。

一段时间，张大千泡在台北"故宫"里鉴定古字画。这批古字画的主体部分，是蒋介石政权自大陆溃退之际，从北平、南京等地运来的。它包括历代古字、古画、珍宝器皿，其中不乏稀世之珍。张大千有幸泡在里面，怎不使他陶醉呢？

鉴定文物，貌似轻松，实际上是个相当费劲的活。张大千恰恰是鉴赏的神手、字画的法官，他颇为得意地认为："一触纸墨，辨别宋明；间抚签赗，即知真伪。意之所向，因以目随；神之所驱，宁以迹论。"

他和"故宫"里的专家一道，上下三千年，纵横八万里，时间过得特别快，心情也特别畅快，大有"乐不思蜀"之感。

还有一件使他兴奋的事正等着他，台湾电影界很有影响的耆宿吴树勋经过长时间的筹备，决定自编自导一部彩色纪录影片《张大千绘画艺术》。这部纪录片，包括《写意荷花》《浅绛山水》《泼景云山》三个相对独立而又联为一体的短片，既有张大千的作品、他对艺术的见解，还有他作画的实况。这部片子无疑很使他兴奋。

影片开拍了。不太喜欢看电影的张大千却很会演电影，他表情自然，与摄制人员配合默契。摄制组的人都惊奇了："哟，看不出这个老先生一点儿不慌张，不做作，没事人一般。"

老人一听反倒奇怪了："你们不是拍我吗？又不叫我演别人，我就是这个模样啊！"

影片放映后，产生了很大影响。其实在此之前很多台湾人中都流传着张大千"一朵荷花换一辆轿车"的逸闻。

严庆龄是台湾有名的裕隆汽车公司的董事长，一次朋友托他求张大千画一幅荷花。他登门拜访，老人欣然提笔画了一幅荷花相赠。严庆龄很感激，言谈之间知道张大千自己没有汽车，每次来台湾都是包租汽车，他便主动提出，愿赠送一辆本厂新产的"裕隆200型"汽车，供张大千使用。

　　第二年6月，张大千又从美国赴台湾。除了在台中市举行画展外，他还有几件事要办：历时5年才编成的《清湘老人书画编年》在香港出版后，将在台湾发行。纪录片《张大千绘画艺术》已剪辑完毕，将举行首映式。

　　同时，他决定在台湾修建新居。因为在美国的环荜盦虽然风景优美，但是地处荒僻，而且张大千年近耄耋，体弱多病，经常千里迢迢跑到纽约哥伦比亚医院就医，所以十分不方便。

　　20世纪60年代初，我国通过访外代表团和驻外使节，曾数次请张大千回大陆，还曾通过其二嫂、子女几次邀请他回国观光、举办画展。

　　听说张大千决定在台湾定居后，台湾当局曾表示要赠送他一所住宅，但被张大千谢绝了。

　　1976年1月张大千由美国去台湾，这时还没有找到理想的住地，只是租房而居。张大千开始在旅馆中住了一段时间，后又迁到台北市的"云河大厦"，然而由于画室自然光线不足，通风设备不够，一生酷爱大自然的张大千非常不习惯。

　　于是他想找一处有山有水的地方。不脱离都市的繁华，却能享受到乡野的宁静，能够与朋友交流，又能让他有安心作画的时间及空间，这才是他理想的居住环境。

　　寻寻觅觅，前后马不停蹄地不知看了多少地方，一年过了，又是岁暮春回的季节了，他终于看上了台北近郊外双溪中游的一处三角地带，地点选在台北市士林区至善路。这里恰是内外双溪汇流处，环境幽静，有山有水，风景优美，交通方便，是一个理想的居家之所。张大千激动不已，十分满意，当即买下。

这所住宅，是张大千离开祖国后在故土上修建的第一所房屋。大概感到此处是其平生最后的住所，张大千依照他历来的治园如作画的要求，不遗余力。施工过程中，某样东西不合他的意，不惜成本拆了重修。

他按照北京"四合院"的格局，建一幢有走廊连接的二层楼住宅，并按自然的地形，设计了内外花园，环荜盦重达5000千克的"梅丘"也由船运过来了，许多的花木及盆栽也远由巴西及美国环荜盦用飞机运来。

1978年8月，历时一年，这所名叫"摩耶精舍"的庭园竣工了。"摩耶精舍"命名的含义，取自佛经典故。

乔迁之日，贺客盈门。刚好80岁的张大千身穿团花闪缎单袍，头戴一顶黑色丝葛料子做的六角形软帽，脚蹬白色布底黑色礼服呢面圆口鞋，手持一柄漆得乌亮的树根手杖，笑呵呵地站在门厅迎接客人。

站在他身边的徐雯波穿着淡绿色的手绘荷花旗袍。这样的旗袍，张大千一共只绘过三件，一件给她，一件给女儿，一件给台湾著名京剧演员郭小庄。

寒暄之后，主人陪着客人们四处转转。这所二层楼的住宅，大门向西，以院子为核心，每间房子都面对院子，整体感、连续感很强。院内有假山，栽有上百株梅花和松柏，还摆放着一盆盆垂枝松、佛肚竹、龟背竹、龙柏，一阵阵清香飘逸院中。

木棋桥下，外双溪的流水穿桥而过，注入池中。一楼的大画室坐北朝南，一架大画案就几乎占了画室三分之二的面积。二楼有5

间卧室、一个小画室和天井。再上一层,就是屋顶花园,由许多树景和盆景组成,从屋顶花园能俯瞰后院景色。

沿着后园白石铺成的小径,经过一株株、一丛丛小叶黄杨、福建山茶、榕树、紫薇,来到竹棚。沿竹棚蜿蜒而上,便来到位于内、外双溪分界线上的双连亭。这里是摩耶精舍风景最好的地方,它们分别叫分寒亭、翼然亭。

分寒亭出自李弥诗句"人与白鸥分暮寒";翼然亭则来自欧阳修《醉翁亭记》:"峰回路转,有亭翼然临于泉上者。"双连亭被青山环绕,双溪围就,鸟声、水声、树香、花香、山青、水翠,声、味、色俱全。

整个建筑群远远望去,"两山耸峙,溪水中流,流泉清越,翠竹丛生"。近前观看,呈直角形的两道长堤与四合院两层建筑之间,形成一个后花园,由"梅丘"和"影娥池"两部分组成。

因张大千酷爱梅花,鉴于古人有"梅林""梅村""梅苑""梅园",才把巨石题名"梅丘",并把它作为百年之后的墓碑看待,并作有《题梅丘石畔梅》诗一首:

片石峨峨亦自尊,远从海外得归根。
余生余事无馀憾,死做梅花树下魂。

"影娥池"则取意在池中映着月亮时,能"对影成三人"。因张大千年迈,头晕目眩,不能如李白"举头望明月",只好"低头望明月"了。

张大千高兴地对朋友们说:"这里就是我卧月看梅,听风声雨声的人境桃源。"

上了年纪,老人常常感到自己的时间不多了,他越来越觉得要抓紧人生最后的日子，再画一两幅能传之后世的不朽作品，做一两件有益人世的事情。

后来他画了一幅《桃源图》，题写了一首诗，表达了结宅双溪的情趣：

种梅结宅双溪上，总为年衰畏市喧。
谁信阿超才到处，错传人境有桃源。

隔海相望心系故园

1979年，张大千81岁了，身体状况大不如前，由于视力越来越差，不小心跌伤了右腿，被迫在床上躺了好长时间。虽然最后伤痊愈了，但走路却更艰难了。

张大千果断决定：立下遗嘱以便处理后事。在寿辰前夕，他请来老朋友张群、王新衡、李祖莱、唐英杰以及律师蔡六乘，夫人徐雯波也在场，平静地口述了遗嘱内容，由唐英杰代笔记录。

在遗嘱中，张大千把遗产分为三部分：一、自作书画；二、收藏古人书画文物；三、摩耶精舍房屋和基地。他将自己收藏的古字画文物捐给台北故宫博物院，房屋、基地捐给有关的文化艺术机构。

张大千一生没有巨额积蓄，大部分卖画收入都用来收藏古文物字画，这些无法估价的珍贵文物全部捐了出去。他只将自己所作的书画分作16份，由妻子徐雯波，儿子心智、心一、心玉、心珏、心澄、心夷、心健、心印，女儿心瑞、心庆、心渊、心沛、心声，以及原来的夫人杨宛君分别继承。

定居台湾以后，张大千仍然时时牵挂着身在内地的亲人，他时时感到心中的孤苦。

他把二哥张善孖、三哥张丽诚等人的大幅照片挂在摩耶精舍的画室中。

其实张大千并不知道，四哥、三哥早已分别于1972年和1975年逝世了。四哥在病中还常常叨念着八弟。1972年11月27日，张文修以88岁高龄与世长辞。为悼念这位热爱共产党、热爱社会主义祖国的著名老中医，中共内江市委为他举行了隆重的追悼会，许多群众也眼含热泪自动赶来送葬。

大陆的子侄们怕年迈的张大千经受不住这样的打击，一致商量通过了一条必须人人遵守的保密规定：绝对不把三叔、四叔逝世的消息告诉八叔！从此以后，晚辈们便常常假以三叔、四叔的口气给远方的老人写信。

其实，张大千也一直半信半疑：三哥、四哥是否如此长寿？他曾声色俱厉地追问过在身边的儿子心一。心一与国内的兄弟姐妹通信最密切，所以，大陆亲人的状况他都知道。但是，他也只能欺骗父亲，他知道父亲绝对承受不住这种打击。

张大千直到逝世，都以为三哥、四哥还健在。他为二哥的长女张心素母女提供路费到美国探亲，并为心素画了一幅《陶潜觅菊图》，在左上角题道："时念三叔、四叔年近百岁，无由相见，老泪纵横，泣不成声。"在右下角又题道："晨起为汝检点行李，发现题字错落零乱。心素，心素，汝可知为叔心情为何如？"

1979年秋天，张大千为张心素画了一幅《红梅迎春》寄去，并告知了自己目前的身体状况：

> 心素三侄，汝叔已年八十一岁，尚能健饭，亦复能捉笔，怪目瞖不能工细。于行步艰难，缘去岁曾跌右腿，他

春所苦。写此数笔，与汝如相见也。

人老了，特别希望得到亲人的信息。过去他收到一些家信，总是看了又看，细细推敲，还写过一首诗：

> 万重山隔衡阳远，望断遥天雁字难。
> 总说平安是家信，信来从未说平安。

后来，张大千从亲友那里知道了自己在大陆的子女的一些情况：心瑞、肖建初夫妇得到了政府的关怀和照顾，外孙女肖莲已经成为大学老师，而另一个外孙女也考上了美术研究生。心庆当选为成都市人大代表。长子心智当选为宁夏回族自治区政协常委。这些消息传来，都让张大千非常高兴。

1980年春节，张大千在故乡内江市举办了"迎春画展"，展出了他流散在家乡的早期作品。

春节过后，张心瑞与丈夫肖建初赶到美国环荜盦，与在台湾摩耶精舍的张大千拨通了国际电话。电话接通了，张心瑞却哭得说不出话来。电话那头的张大千只好安慰她说，等医生允许他乘飞机时，就到美国与他们见面。

但几个月过去了，张大千的病体仍然未见起色，无法来美国，他们只好每天在电话上叙家常。张大千为心瑞画了一幅《花鸟图》，图上题跋：

> 辛酉四月二十五日写与拾得爱女，汝细观之，当知父亲衰迈不得与汝辈相见，奈何！奈何！

张心瑞接到画后，眼泪滚滚而下滴落在画上，想到父亲让她

"汝细观之"，细看《花鸟图》，她不由得联想到了杜甫的诗句："感时花溅泪，恨别鸟惊心。"

张大千有时也主动给老朋友们去信作画。1980年，中国书法家协会名誉理事、西泠印社副社长、篆刻家方介堪忽然收到从他国转寄的邮件，打开一看，原来是莫逆之交张大千从台湾为他80岁生日特意寄来的一幅山水画。

他不由得感慨万分："分别数十年，大千竟然还记得我的生日，我自己有时还把日子稀里糊涂错过了。这是多么深厚的情谊啊！"

方介堪心潮难平，挥笔作赋：

嗟彼远方人，不知何日赋归欤。可以横绝峨嵋巅，为何不能渡一水！雁荡旧游地，长江万里情。倘来日重逢，好邀二三老友。畅谈海天壮阔，图写无边风月。漫说论文尊酒，乡里是事当然。

1980年至1981年，四川人民出版社编辑出版了五集《张大千画辑》；天津出版了张大千国画挂历；《内江市志》编入了张大千生平、艺术介绍。

1981年夏天，儿子张心玉赶到美国与台湾的张大千通话，而这时，张大千已经得知四川发生了洪灾，就问心玉："四川涨了大水，内江被淹得怎么样？"

心玉是一位音乐家，在甘肃省音协工作，家安在兰州。他已经30多年没见到父亲了，没想到父亲刚接通电话就问他这些，一惊之下只好答道："听说损失很严重。"

台湾那头的张大千生气地喝问："听说！你咋不回去看一下？"

心玉一时语塞。

张大千语气严厉地追问:"我问你话呢,你咋不回去看一下?"

心玉满腹委屈:兰州离内江几千里,工作在身,时间和经济上都不允许他想去看就去看的;这次来美国与父亲通话也是张大千要求并提供的资费。他临行前才从收音机和报纸上得知四川特大洪水成灾的消息。

而在张大千眼中,兰州、内江都在国内,百十块钱买张车票不就回去了吗?他生气地训斥道:"老六,老家在发大水,你却跑到美国来,真不像话!你四叔家淹了没有?成都淹了没有?龙泉驿呢?重庆有没有大水?"

心玉虽然挨了训,但心里却非常温暖,因为他从中感到了父亲一颗几十年未变的爱乡之心。他等父亲火气稍稍消了一些后说:"爸爸,我虽然没回内江,但是,我在报上看到了消息,内江是被淹地区之一。但是当地政府采取了许多预防和抢救措施,没有淹死人。四叔家在北门,地势那么高,根本不会被淹。重庆也只淹了沿江一带,没有造成什么大的损失。您老人家的心情我能理解。您放心,我回国后一定回内江一次,代您老人家看看老家。"

张大千这才松了口气说:"这话还说得过去。"然后父子俩谈了一些其他事情。

不只对大陆的亲人,张大千对大陆的学生们也是非常怀念的,闲暇的时候常常念叨着他们。

1981年,张大千昔日的学生胡爽盦托一位到北京来的外国朋友包先生给恩师带去一幅新作《老虎下山图》。张大千看后非常高兴,马上吩咐将画挂在墙上,自己站在画前仔细欣赏。看后,坐在画前拍了一张照片。

包先生看到,他刚进门时张大千似乎心情还不很好,但一看到学生的画,就立刻兴奋起来。

照完相,张大千把画放在案上,当场在画上题词:

> 满纸风生,真所谓虎虎有生气,但慨不得晤爽盦磅礴挥洒时也。
>
> 辛酉上元后三日八十三叟爰

第二天,包先生要离开台湾了,他应约又来到摩耶精舍。

张大千为胡爽盦准备了几本画册和复制品,还在昨晚特意为他画了一幅荷花,并在今早起床后写了一封信:

> 包先生来谈弟近况,至欣慰。为兄年已八十有三,复目昏眊,左耳亦复重听;右腿三年前跌伤,虽骨已接好,行步亦须人扶。
>
> 世乱如此,会晤无期,奈何奈何!今晨包先生即行,昨夜为弟赶作一画,展示当知兄之老态矣。望转致诸同学,未能多笔,恐累包先生也。诸世兄近在何?来书希详告之,以慰老怀也。

张大千将一腔思乡之情都给予了在祖国土地上的亲人、朋友、学生们,他曾写诗道:

> 海角天涯鬓已霜,挥毫蘸泪写沧桑。
> 五洲行遍犹寻胜,万里归迟总恋乡。

祖国和人民,大陆的亲朋弟子也都没有忘记张大千。

1982年,宁夏银川市举办"张大千画展";四川、甘肃、宁夏三省区电视台联合摄制了电视纪录片《国画大师张大千》;四川省内江市政府正式开始筹备张大千纪念馆。

张大千83岁寿辰即将来临之际,老家内江市编史修志委员会从大陆给张大千捎去了寿礼:内江"铨源老号"的四样蜜饯——天冬、樱桃、橘红、佛手。

张大千收到寿礼又吃惊又感动:"看来家乡父老还没有忘记我。"

事后,张大千挥毫题写了"内江县志""内江市志""青城山上清宫"等家乡匾额和书名,并签署"大千张爰题"。

张大千84岁寿辰那天,在大陆,他的老朋友、著名书法家吴玉如在生命垂危之际,写下一帧条幅:

炎黄子孙盼统一,遥寄张大千。

张大千在台湾的最后几年,一直以各种方式表达对祖国、家乡的眷恋与怀念,他曾到金门,用望远镜久久地遥望大陆的山河……

他还曾写过一首海内外广为传诵的《梅花诗》,借以表达自己的爱国情操和对"台独"的痛斥:

百本载梅亦自嗟,看花堕泪倍思家。
眼中多少顽与耻,不认梅花是国花。

精心创作《庐山图》

张大千一生遍游中外名山大川,却从未登过庐山。他曾有一个夙愿,希望祖国统一后,能一登匡庐,在过溪亭上小憩一会儿,饱览庐山美景。但遗憾的是,这件心愿在他有生之年未能如愿。

1981年夏初,张大千刚度过83岁寿辰后,一位旅居日本的华侨巨商李海天专程飞到台北,登门拜望张大千,见老人身患多种疾病,腿伤后还需人扶,话到嘴边欲言又止。

李海天与张大千以前就相熟,更了解他的怀乡之情,正因为此,他才来找张大千的。"唉,干脆说出来试试!"他终于道出了来意:"大师,我想请您作幅画,以庐山为题材的大画。"

老人认真了,看来客人真心诚意,他说:"我从未去过庐山呀!"

"没去过?"李海天听了大吃一惊,难以相信,天下名山都看遍的张大千,怎么会没有去过大名鼎鼎的庐山呢?

"真的没去过。"张大千再次肯定,顺便说起自己没去的原因,"这与先仲兄善孖有关。以前在上海和苏州,我和先仲兄同游华山、黄山,无拘无束,自由自在。但就怕一点,哪一点?只要有他的朋友在,我就完全成了鼻涕横揩的小兄弟,谈诗论画,饮酒品茗,我只能站在一旁伺候,不是味儿呀!先仲兄两次游匡庐,都是他的朋友相邀,我当然不愿去,不如躲在家里称王称霸。"

李海天听了这段有趣的往事,脸上在笑,心中暗暗叫苦,这幅画没谱了!想不到,忽地柳暗花明。

张大千沉思了一会儿,忽然说:"这幅画我画。"

"真的?!"李海天喜出望外。

张大千一听不高兴了:"我张大千说话无戏言。"

李海天赶紧解释:"哦,大师,真对不起,我不是这个意思。你不是说没有去过庐山吗?"

"画我心中的庐山!"张大千口气分外干脆坚决。

"形成于未画之先。"没有去过庐山的人,怎么画庐山?张大千历来认为:"我笔底下所创造的新天地,叫识者一看自然会辨认得出来。"

但要真正画出"心中的庐山",绝非易事。更何况,这是一幅罕见的巨幅,36尺长,6尺高!它要由一个从未去过庐山、疾病缠身的老人完成,难!不少人为张大千捏了把汗。

张大千自己也不敢掉以轻心。他特地请来朋友沈苇窗,为他收集有关庐山的文字、照片资料,并将这些资料做成详细的笔记。说来也巧,沈先生收集的文字、照片资料中,有一些就是大陆出版的。

张大千还翻阅了一些古籍和有关书籍,有意识地和一些去过庐山的人摆谈。渐渐地,庐山在他心中活了:它独有的自下而上的雨,有声的云,汹涌的云海,时聚时散的佛灯,直下三千尺飞瀑……它岂止是心中的庐山,它是心中祖国的象征!

张大千要以他的笔墨,抒写对祖国的思念。他要以终生的经验和学识,绘出这幅能流传久远的巨作。

几个月来,他神游在庐山峰峦之间,日日夜夜,朝朝暮暮,和庐山交谈。老人以他几十年游历山川的心得和绘画的经验，凭借他惊人的艺术想象力，庐山真面目展现在他眼前，庐山屹立在他心间。

1981年7月7日，是张大千巨构《庐山图》的开笔吉日。

张大千装束一新，团花长袍东坡帽，白绸长裤青缎鞋，面带喜色，银髯飘拂，哈哈笑声响彻画室内外。被特邀参加开笔礼的观礼嘉宾有大名鼎鼎的"三张一王"的另外三人：张学良、张群、王新衡等。

大画案上，铺着绢织画料，儿女们已经用清水把它敷润过了。画室里挤满了人，大家的目光都投射到主人身上。

张大千终于笑呵呵地起身了，他手指轻捻银髯，目光来回扫视着画料。片刻，他回过头来，双手抱拳，向观礼嘉宾一一致意："大千献丑了。"

他首先端起一个青花大水盘，里面盛着满满的墨汁，身体前倾，手肘自左至右，将墨汁缓缓向画料上泼去。

嗬，开笔不用笔！乌黑的墨汁在绢料上慢慢浸润。它将变成高山，长出峰峦，吞吐万象。客人们都起身站在四周，看他如何创造一个新天地。

张大千执定大帚笔，依然谈笑风生。他以淡墨破出层次，勾定大框廓，然后，又以笔蘸水濡墨，以通气韵。他不像在作画，像在打一趟极富内养功的太极拳。他运动大帚笔，头、眼、颈，乃至四肢都在动，连嘴巴也在动，有板有眼地说：

浓墨不破，便无层次；淡墨不破，便乏韵味。墨为形，水为气，气行形乃活。

在画《庐山图》前先画几幅小画，是张大千给自己定的规矩，并在整个创作过程中加以坚持。

他说:"画我心中的庐山,整体在胸,局部却要边想边画,不可妄下一笔。"

这幅画,犹如在阿里山上修一条盘山公路,工程浩大,不能偷工减料,整整一个多月,老人才着手在画上泼洒石青、石绿等色彩。

不知怎么搞的,张大千觉得胸口越来越闷,呼吸短促起来,他明白自己的心脏病又发作了。老人张大口喘息,右手在茶几上摸索,寻找装心脏病特效药的小瓶子。

这样的事以前多次发生,徐雯波就在他常去的地方都放上这样的药瓶,以防万一。

张大千发抖的五指在几上摸呀,摸……徐雯波出现在门边,尖叫一声,脸唰地白了,她三步并作两步,奔到丈夫面前,赶紧把药片塞进老人发紫的嘴唇,轻轻揉着丈夫的胸口。

吃下药,张大千舒服多了,他仍然闭着眼,耳边只有座钟"滴答、滴答"单调重复的声音。"滴答、滴答……"好像家乡圣水寺石壁上往下滴的水声,"滴答、滴答……"好像青城山上清宫计时的水漏,敦煌石窟融化的雪水,成都四合院瓦脊上的绵绵细雨……"滴答、滴答",多耳熟。

张大千觉得自己的心率如同那座钟,平稳,有规律,完全恢复了正常跳动。他想再歇歇,又想去画画,眼睛似睁非睁之间,猛然一个想法闪过自己心中。唉,真后悔,应该在写寄大陆老胡的那幅《荷花图》上题写那首诗:

　　　　海角天涯鬓已霜,挥毫蘸泪写沧桑。
　　　　五洲行遍犹寻胜,万里归迟总恋乡。

1982年春,张大千赠送他的老画友张采芹先生一幅花卉,图上题了一首诗:

锦绣裹城忆旧游,昌州香梦接嘉州。
卅年家国关忧乐,画里应嗟我白头。

这一天清晨,张大千正准备开始泼彩,继续他为之呕心沥血近一年的《庐山图》。这时,忽然有客人来访,原来是中国旅英钢琴家傅聪。

张大千站在客厅门口,等傅聪走近了,他笑呵呵地用手指点他:"大概有10多年没有见到你了,今日一见,真高兴!"

傅聪抢前一步,双手扶着张大千的胳膊,愉快地回答:"是啊,我们在巴西相识,美国相交,今日又在台湾重逢,真不容易啊!"

张大千一边由傅聪扶着走向客厅,一边摇摇头:"哪里是巴西相识的哟,我认识你的时候,你比钢琴高不了多少,鼻涕横揩哟!"

傅聪听了,开心地笑了起来。这个48岁的钢琴家,哪会知道这个84岁的老前辈同他父亲的交往哩!张大千早年在上海时,就与同在上海的傅雷互有往来,自然见过自小就有音乐天分的傅聪。

几十年一晃而过,再度相见已是1982年5月23日,"大胡子"老了,"小孩子"已成为闻名遐迩的钢琴大师。

上午的阳光暖融融的,傅聪和老人并坐在一对沙发上,随便聊了起来。傅聪打量着这个陈设典雅的客厅。尤为引人注目的,是四壁悬挂的书画。正中一幅大立轴,是张大千二三十岁的自画像。画中人一脸黑黢黢的络腮胡,乌亮的双目凝视前方,一股自信轩昂的神采飞出眼外。

右壁上,有一幅曾熙画的《梅花图》。这幅画并不高明,因为曾熙晚年才学画梅花。

左壁，是黄公望的《天池石壁》。张大千之所以舍得花重金向琉璃厂国华堂老板购买，全因为画上有张善孖的老师傅增湘题的字：

大风堂藏一峰道人天池石壁图，真迹无上神品。

张大千对傅聪说："这些画，是几天前刚换上的。"

家人和他的知心朋友都知道，客厅和大画室四壁的作品经常更换。但是，张大千却有一条不成文的规矩，更换的字画多少要与他常叨念的三个人有关，一个是他的二哥张善孖，另两个是他的老师曾熙和李瑞清。到了晚年，老人经常挂在嘴边的，就是这三个他极尊重的人。

大家由书画上扯开了，从不久前在台北市展出的"宋元明清古画展"，一直谈到中国的诗词歌赋和戏剧，又兴致勃勃地谈到中国绘画艺术所表现的抽象意境和独特的抽象美。两人都不约而同地认为，中国艺术这分具有千古魅力的抽象美应予保留。

徐雯波知道傅聪晚上还有演奏，悄悄扯了一下大千的衣袖。

张大千明白了夫人的用意："哦，看我，摆起龙门阵就没有完。傅先生，我们到园内走走，要不要得？"

张大千刚陪着傅聪走出客厅，那只黑面黑耳金黄细毛的长臂小猿腾空一纵，跃上主人的右肘弯，然后老实不客气地轻舒长臂，攀着主人的肩头，舒舒服服地坐到主人的肘弯里。张大千抚摸着小猿蓬蓬软毛，笑眯眯地说："这淘气的小家伙。"

傅聪笑而不语，他知道大师爱猿、养猿、画猿的逸事，也听人说过那个广为流传的黑猿转世的神话。

张大千陪着傅聪，兴致盎然地在园内四处走，指点着精心布置的假山、流水、亭阁、花木、盆景。

傅聪在心里赞叹："多美呀，生活中处处有艺术，无论是诗、画，还是音乐。"他不禁想起挂在客厅内的那副对联，是张大千手书的：

种万树梅亭上下，坐千峰雨翠回环。

脚边娇嫩的小草正吐着春的气息，傅聪心里暖酥酥的，忍不住俯身下去，温柔地拨弄小草。他用手指捏起一块泥土，凑近鼻孔，黑油油的，清香、醉人。"唷，多好，多么肥沃的泥土！"他忍不住赞叹。

张大千不言不语，好像没有一丝反响。傅聪扭头一看，老人的头微微低着，盯着脚下的泥土，脸上掠过一道阴影，转瞬即逝。傅聪看得出，老人心里隐藏着深沉、丰富、复杂的感情，它同泥土有关，或者说，是泥土激化了这种感情。

就在10多天前，一位刚从大陆来的美籍客人，不远万里送来一包泥土，一包成都平原的泥土，家乡的泥土！

张大千用颤抖的双手捧着泥土，贴到脸前，用力闻着，热泪，慢慢、慢慢地蓄满两眶。

整整40年了，从北平逃亡出来，和孩子们返内江，畅谈土地、茅封、社稷。40余年后重睹这故乡沃壤，老人像捧着最庄严最神圣的东西，一步，两步，慢慢地迈向父母遗像前，将这捧故国的泥土，伴着这数行热泪，敬供在先人遗像前。

此刻，张大千的神情感染了傅聪，整个园子静静的，无声的音乐在心中盘旋，忧郁、伤感、深沉。

张大千又领着傅聪来到他的大画室。刚走进画室，傅聪立即被一幅气势宏大的画吸引了，这是老人灌注了全部心血正在创作的《庐山图》。

这幅画了近一年还未完成的巨构，是张大千平生创作时间最长的作品。创作期间，他数次在画室里晕倒，数次被送到医院急救。每一次，他都化险为夷。

每次出院，他都要向喜笑颜开的亲友开玩笑："阎罗王不要我。他说，你的事还没有做完，怎么就想来了？还是回去吧！"

傅聪站在这幅大画面前，从心底发出了赞叹："嚯！庐山，真是气势非凡！大师，你上过几次庐山？"

张大千平静地说："我没去过庐山。这张画，画的是我心中的庐山。"

傅聪的心情豁然开朗了，他抓住了始终在心中盘旋的那首无名乐曲的主旋律。他以仰慕的心情看着这位老人，同时想起了他所仰慕的另一位艺术家——肖邦。

这位客居巴黎近20年，年仅39岁就与世长辞的波兰钢琴家，在他垂危之际留下遗嘱，请求友人一定要把他的心脏送回祖国，安葬在故土的沃壤里。而眼前这位老人，他把他的思乡之情，全部寄托给了丹青。

张大千的身体每况愈下，经常进出医院，险象迭生，家里人时刻都为他捏把汗。然而，他日益固执，不愿长期住院治疗，每天要画上半个小时至一个小时，气势雄伟、浩瀚万千的庐山已将自己的真面目跃然纸上。

这幅画，张大千使用了多种技法。他用大泼墨渲染出主山的脉络，以漫延的重墨凝聚为厚重山岩。在浓墨染出的峰顶、幽壑、丛林处，他一反以水破墨的古法，以石青、石绿、重赭诸色代替清水破开浓墨,析出层次,使得层峦滴翠,云雾氤氲。

他以泼墨泼彩法写出的透迤山势,云气横锁,烟笼林隙,古木森罗,庐山横侧真面目欲现又隐。

画上,有他在1982年底题写的一首七绝:

不师董巨不荆关,泼墨飞盆自笑顽。
欲起坡翁横侧看,信知胸次有庐山。

徐雯波试探着问道:"春节马上要到了,今天你就不画了吧,待过完节再说。"

张大千爽快地回答:"好,听你的,今天不画了。只题两首诗可以嘛。"

笔砚准备好了,张大千提笔思索片刻,在画上又增题了两首七绝,几十个字整整花了半个多钟头。老人颤抖着手放下笔,颓然倒在沙发上,许久说不出话来。

徐雯波一边在丈夫背上轻捶,一边细语解忧:"大千,我记得你前两年写了这样一副对联:'踵羲皇而齐泰,体虚静以储神。'我想,你安心静养一段时间,身体更会好些的。"

张大千点点头,口气有些幽默了:"老乎哉,人老矣,心不老,管它这么多做啥!"继而,他问夫人,"林先生捎来的那幅合作画,现在该完成了吧?"

这幅合作画,是美国得州休斯顿贝勒医学院的林文杰教授往返穿梭,四处搭桥而促成的。

1982年底,林文杰随美国空中眼科医院那架被称为"奥比斯工程"的飞机来到广州探亲,他将自己画的兰花拿去向关山月请教,并说去台湾时还要向张大千先生讨教。

关山月想起了往事，于是在画的梅花贺年卡上题写了"大千前辈万福，艺术生命长青"的贺词，请林文杰去台湾时转送张大千。

林文杰在繁忙的治病和讲学之余，到了年底再次来到广州，他弄到一张质量很好的4尺宣纸，在上面画了几叶春兰。

12月30日，他直飞香港，将自己的来意告诉了岭南派画家赵少昂。赵少昂非常赞许这种笔墨因缘，又在画上添上一竿墨竹和一枝勃勃向上的笋竹，钤上齐白石生前篆刻的白文印章"少昂"。

1983年1月2日，林文杰刚抵达台北，马上驱车去拜见张大千，张大千很有兴趣地接待了这位文质彬彬、西装革履的青年。林文杰送上了关山月的贺卡，张大千连称"难得"。

随后，张大千坐在画案前，铺开林文杰带来的那幅未完成的画，看了之后自谦道："我自己不善于画兰花，不过我可以画别的。"

张大千说罢，欣然挥毫寥寥几笔，染出一块兀立的寿石，然后在上面添加了一朵灵芝。"灵芝一定要有红叶才会补得，我得给它上点儿色。"

张大千在毫尖上蘸着朱红，染出了红叶。然后，在画的左下角题道："八十四叟张爰大千写灵芝和寿石。"盖上老友方介堪两年前托人从大陆带来的白文印章"张爰之印"和朱文印章"大千居士"。

林文杰看到张大千确实老了，画这样的小画他竟休息了两次！

张大千钤好印章，向林文杰建议道："灵芝寓有长寿之意，如需添配，最好请关先生画上几枝墨梅。"

林文杰持此画路经香港时，赵少昂、杨振宁得知此事，都曾在这幅画前合影。

3个月后，林文杰再度从美国来广州，在新华社香港分社社长王匡的帮助下，请关山月画上了一枝苍劲的梅花。

3月19日，这幅画被送到北京荣宝斋，在鉴定专家侯凯的精心指导下，由有名的装裱师傅精裱。然后，林文杰持画分别拜访了吴作人、肖淑芳、董寿平、李苦禅、黄胄、范曾、胡爽盦等中国名画家，大家都为之击节赞赏。

这幅由大陆、台湾、香港以及旅居美国的中国艺术家通力完成的《梅兰竹芝图》，不仅成为艺坛的一段佳话，也是张大千与人合作的最后一幅绝笔画。

人们都没有想到，此时的张大千已卧榻不起了。

一代宗师溘然长逝

傅聪飞离台湾不久，又有人来摩耶精舍拜访张大千。张大千刚从香港回来，他在那里同他30多年未见面的儿子聚首了。儿子从家乡四川来，同时带来了张大千的学生杨铭仪捎给老师的礼物和口信。

杨铭仪1975年9月30日国庆前夕由台湾经日本踏上了飞往北京的班机。他现在已经是四川省美术家协会专业创作员，同老母生活在一起了。

身在大陆，杨铭仪更加思念自己的老师，家中常年挂着他与张大千老师的合影。这次杨铭仪带给老师的礼物是张大千爱穿的手工制的布鞋和布袜子，连布鞋底都是手工纳的。

张大千高兴地收下了学生的礼物，连声说好。

1983年的春节到来了，江苏省国画院著名画家黄养辉先生在南京的住宅里高朋满座，他正对客人兴致勃勃地说着："大千先生吗？我们早在20世纪30年代就相识了。你们看，这是大千先生的近照，是他在1982年春节寄给我的，距今不到一年时间哩。我当时写了一幅'大寿千年'的篆体大字回赠他，恭贺他新年愉快。"

黄养辉曾任过徐悲鸿的秘书,他知道一些两位先生交往的事情,又对大家说:"大千先生出国后,与徐先生还有书信往来。当时正是新中国成立初期。徐先生写信给大千先生,劝他回国参加新中国的文化建设。当时张先生回信说,很感激徐先生对他的关心,但是当时国内正在进行艰苦的建设,而他家庭负担过重,比较困难,因此一时无法回来。徐先生理解他的难处,仍然高度评价大千先生的艺术。"

2月初,奉爷爷张大千之命,晓鹰赶到北京,专程看望中国文史馆副馆长、北京市中山书画社社长张伯驹。张大千嘱咐晓鹰,要将张伯驹的近照带到美国,然后转到台湾。

张伯驹当时正在首都某医院养病,深深感激张大千这种老友情谊,不禁想起了3年前,他与夫人潘素受港澳友人之邀,准备前去香港。张大千知道消息后,立即由台湾经香港给他转来一封信:

伯驹吾兄左右:

一别三十年,想念不可言。帮人情重,不遗在远,先后赐书,喜极而泣,极思一晤。清言无如蒲柳之质,望秋光零,不及远行,企盼惠临晋江,以慰饥渴。

倘蒙俞允,乞赐示敝友徐伯效兄,谨呈往返机票两张,乞偕潘夫人同来,并望夫人多带大作,在港展出。至为盼切,望即赐复。

可惜张伯驹当时因故未能成行。今日张大千又遣孙子前来看望,张伯驹不由得感触极深:"我们这个国家,我们这个民族,历经磨难,却始终生机勃勃,在于我们有国家民族的脊梁,大千就是脊梁之一!"

张伯驹斜倚在病榻上，与晓鹰依偎在一起，留下了一幅合影照。然后，张伯驹提笔写了一首《病居医院怀大千兄》：

张大千兄令孙晓鹰赴美，来院探视余疾，并拍照，因赋诗：
别后瞬过四十年，沧波急注换桑田。
画图常看江山好，风物空见几月圆。
一病方知思万事，余情未可了前缘。
还期早醒阅墙梦，莫负人生大自然。

但是，晓鹰离开还不到一个月，张伯驹就以84岁高龄与世长辞了。

1983年3月8日，清晨起床后，大千老人就觉得胸闷，呼吸有些短促，但是他又觉得精神比往日好。

饭桌上，大家谈到《庐山图》春节期间展出的盛况，张大千插话说："我画画完全是兴趣，想画时，经常半夜起床作画；若是不想画的话，即使家里没钱买米，也不画。是不是这样，雯波？"

徐雯波笑笑没正面回答，张大千继续往下说："近年来，我反倒有了作画的兴趣，只可惜，身体不作美，力不从心。《庐山图》画了这么久，还尚待润色。"

张大千在徐雯波的搀扶下来到画室，咽下夫人喂的一颗药片，觉得稍好些，就对她说："你去抱13本书画集来。上次谭廷元伉俪来，我答应给大陆故旧亲题画册，以志永念，晃眼间又拖了这么些天。"

徐雯波突然发觉丈夫气色不好，婉言劝阻："改日再题吧！"

张大千十分执拗地说："此时不写，以后恐怕再无机会了。"

徐雯波苦笑着摇摇头，只好去抱来13册《张大千书画集》第四集。

张大千这次的13册，是要送给大陆的老友李可染、李苦禅、王个簃，弟子西安何海霞、天津慕凌飞、北京田世光、刘力上和俞致贞夫妇，上海糜耕云、潘贞则、王智园，苏州曹逸如，常熟曹大铁共13位朋友和学生，他一一亲自题字。

张大千戴着深度眼镜，俯首画案，两手颤抖，一字一顿，行笔艰难，题一册要花好几分钟：

凌飞贤弟留阅。与弟别三十余年，弟艺事大进，而兄老矣。八十五叟爰。

徐雯波心里着急，又无法可想，只好在一旁殷勤接画册、递画册。每写好一册，她就松一口气。

终于，只剩下最后一本了。

第十三册《张大千书画集》翻开摆在张大千胸前的案上，他吃力地抬起头，用有些古怪的目光看了夫人一眼，然后，缓缓低下了头，提起了笔。突然，他头一歪，笔杆从手中脱落，"啪"地掉在地毯上。他身子一斜，颓然倒下……

救护车飞速将张大千送进医院，医生立即采取紧急措施抢救。经诊断，老人是因急剧心绞痛引起糖尿病、脑血管硬化复发，病情险恶，老人昏迷不醒。

一天、两天、三天，第四天，老人心脏一度停止跳动，经过抢救，60秒钟后，心脏又起搏了，但仍处于昏迷状态。

报纸电台纷纷报道张大千先生病发住院的消息。

3月16日，张大千因住院治疗耗费太多，家属委托台北苏思比拍卖行当天下午拍卖了张大千的两幅画，并将近100万元新台币立即送往医院交纳抢救费用。

远在大陆的张心瑞泣不成声，由香港、美国转来慰安电：

> 我们全家人心情十分焦虑，儿等不能亲侍汤药，深感罪疚。谨乞大人安心调养，早日康复。

张心庆哭得两眼红肿：

> 海峡阻隔，关山重重，音讯渺渺，儿心忧虑。

虽然经过全力抢救，但昏迷了24个日夜的我国当代著名国画大师张大千，没有留下任何一句遗言，于1983年4月2日晨8时15分，溘然长逝，享年85岁。

除了台湾报纸的大量报道之外，新华社、美联社、法新社等通讯社都于当天向全世界播发了新闻。噩耗传向世界各地，在全球引起巨大反响。当新华社发布电讯稿后，国内主要报纸和广播电台也纷纷向全国人民公布了张大千先生逝世的消息。

张心智、心玉、心珏、心瑞、心庆、心裕等子女发出唁电，沉痛哀悼：

> 惊悉爸爸不幸逝世，儿等心如刀绞，痛断肚肠。孔子曰："生事之以礼，死葬之以礼，祭之以礼。"爸爸含辛茹苦，将儿等养育成人，恩重如山。
>
> 今海峡阻隔，咫尺天涯。儿等生不能为老人家尽孝，死不能为老人家送终，只能引颈东溟，痛哭长天。

张大千在大陆的夫人杨宛君放声大哭:"他临终前还想着我,这36年我就算不白等。"

她是保护张大千临摹敦煌壁画的功臣。张大千当年离开祖国之前,将260幅临摹精品交杨宛君保管,并嘱咐她:"你如生活困难,可以卖掉一部分!"

但她却立誓说:"我宁可饿死,也不卖画!"

在她颠沛流离、极端困苦的日子里,也一直保护着这批珍贵的画卷,直到征得张大千同意,最后捐献给了国家。

同日,中国美术协会发出唁电:

惊悉大千先生在台北病逝,至感悲恸。先生中国画艺成就杰出,向为人所仰慕,他的逝世是中国美术界一大损失。特电致哀,以表海内朋友念慰。

家乡内江市以市编史修志委员会名义发出唁电:

惊悉张大千先生仙逝,乡梓人民尤感痛惜。追忆先生勤于笔,精于丹青,血汗铸成名山大业;感情先生浪迹异乡,心属故里。

当林文杰带着这幅合作画由北京去香港时,他万万没有想到,这一天正是张大千先生与世长辞的日子。关山月得悉噩耗后,挥笔写下一首哀悼诗:

夙结敦煌缘,新图两地牵。
寿芝天妒美,隔岸哭张爰。

当日,台北市各界人士前往吊祭,络绎不绝。

中午12时20分,少帅张学良将军在赵四小姐陪同下,乘车赶来。张学良站在灵堂前,嘴角微微颤抖,久久地凝视着老友的遗像。然后,张学良与赵四小姐分别祭拜三炷香,怅然离去。

4月5日,张大千的遗嘱公布,其寓所"摩耶精舍"捐给有关机构。后来此处辟为"张大千纪念馆"。隋、唐、五代、宋代等珍贵字画75件及其他文物捐给台北故宫博物院。

4月14日,在亲人悲泣、好友垂泪的哀痛气氛中,举行了张大千遗体入殓和火化仪式。大千先生头戴东坡帽,身穿七套长袍马褂,外罩红色的织锦被,双唇紧抿,银髯偃息胸前。他像在沉睡,如在沉思,头部左侧放着一卷书画,伴他歇息,随他长眠。

10时30分,张大千先生遗体火化。

4月16日,举行张大千先生的丧礼。

张大千生前曾向人言:"至痛无文。"他主张丧礼力求简单、隆重。因此治丧委员会依照遗愿,不发讣文,不收花圈,灵堂正中挂着张大千的遗像,周围是黄白相间的花丛,真正做到了简单朴素而隆重肃穆。

治丧委员会的挽联是:

> 过葱岭、越身毒、真头陀苦行,作薄海浮居,百本梅花,一竿汉帜;
>
> 理佛窟、发枯泉、实慧果前修,为山同生色,满床退笔,千古宗风。

中午12时,张大千先生的骨灰被安葬在"摩耶精舍"中的"梅丘"巨石之下。

一代画坛宗师就此长眠，留给后人无限追思。

北京、上海、成都、重庆、台北、高雄先后举办了张大千先生遗作展，以告慰大师在天之灵，海峡两岸的同胞深深敬仰这位国画大师。

张大千先生，在他长达半个多世纪的艺术生涯中，以锲而不舍和不断创新的精神，囊括了中国画的所有画科，开拓了中国画前进的道路，同时他还是一位书法家、鉴定家、篆刻家、收藏家和诗人。无论是在故国还是在异乡，他始终眷恋着他的根，为做一个中国人而自豪。他的作品是中国乃至人类艺术长廊中的瑰宝。

附：年　谱

1899 年，5 月 10 日生于四川内江。排行第八，乳名小八，名正权，又名权。

1904 年，从姐琼枝识字，读《三字经》等启蒙读物。

1905 年，从四哥文修习字，读《千家诗》。

1907 年，从母随姐习画，母曾氏善绘民间剪纸花卉。

1911 年 9 月，就读内江天主教福音学校。

1914 年，就读重庆求精中学，后转江津中学。

1916 年，暑假与同学徒步返内江，途中遭匪徒绑架，迫为师爷，经百日才脱离匪穴。冬，与表姐谢舜华定亲。

1917 年，与二哥张善孖留学日本京都，学习绘画与染织。

1919 年，返上海，拜曾熙为师，因未婚妻谢舜华去世，痛而在松江禅定寺出家，法号大千。3 个月后还俗，奉命归川，与曾庆蓉结婚。婚后重返上海。

1922 年，与黄凝素结婚。

1923 年，举家迁居松江。到上海，出售仿石涛作品。

1924 年，父亲去世。

1925年，在上海首次举行个人画展。

1928年，与二哥合创"大风堂"。

1929年，筹办全国美展，任干事会员。

1931年，与兄张善孖一同作为唐宋元明中国画展代表赴日本。次年，移居苏州，住网师园。

1933年，应徐悲鸿之邀，任中央大学艺术系教授，转年即辞职，专事创作。

1936年，上海中华书局出版《张大千画集》，徐悲鸿作序，推誉"五百年来一大千"。

1938年，经上海、香港返蜀，居青城山上清宫，临摹宋元名迹。

1940年，赴敦煌莫高窟临摹历代壁画，前后共计两年零7个月，共临摹276幅，并为莫高窟重新编号。

1943年，出版《大风堂临摹敦煌壁画》。敦煌之行，轰动了文化界。

1945年，抗战胜利后，张大千的作品先后在巴黎、伦敦、日内瓦和国内各地展出，声名大振。

1949年，暂居香港，游台湾。次年应印度美术会之邀赴新德里举行画展，在印期间所绘作品多精细工笔，且有《大吉岭诗稿》一卷。

1951年，返港，第二年迁居阿根廷。

1953年，移居巴西。

1955年，所藏画以《大风堂名迹》4册在日本东京出版。

1956年，首次欧洲之行，赴法国与毕加索会见。

1957年，写意画《秋海棠》被纽约国际艺术学会选为世界大画家，并荣获金奖。此后，又相继在法国、比利时、希腊、西班牙、瑞士、新加坡、泰国、联邦德国、英国、巴西、美国及中国香港等地办画展。

1969年，迁居美国旧金山。

1972年，在旧金山举办40年回顾展。

1973年，捐赠作品108幅给台北历史博物馆。

1974年，获美国加州太平洋大学名誉人文博士学位。

1978年，移居台北，于台北外双溪筑摩耶精舍。

1983年4月2日，因心脏病逝世，享年85岁。